www.ingramcontent.com/pod-product-compliance
Lightning Source LLC
LaVergne TN
LVHW051118051026
849532LV00004BB/1591
* 9 7 8 9 3 5 8 7 2 4 1 0 3 *

رئیس الدین رئیس کا فن

(مختلف ادباء کے تاثرات)

مرتبہ:

ماہنامہ 'شاعر'

Raeesuddin Raees ka Funn
by: Shair Monthly
Edition: July '2024
Publisher :
Taemeer Publications LLC (Michigan, USA / Hyderabad, India)

ISBN 978-93-5872-410-3

کتاب	:	**رئیس الدین رئیس کا فن**
ترتیب و تدوین	:	**ماہنامہ 'شاعر'**
پروف ریڈنگ	:	اعجاز عبید
صنف	:	غیر افسانوی نثر
ناشر	:	تعمیر پبلی کیشنز (حیدرآباد، انڈیا)
سالِ اشاعت	:	۲۰۲۴ء
صفحات	:	۱۰۸
سرورق ڈیزائن	:	تعمیر ویب ڈیزائن

فہرست

سید محمد حنیف اخگرؔ ملیح آبادی، نیویارک (امریکہ)

منفرد لہجہ کا تازہ کار شاعر رئیس الدین رئیسؔ

۸۰ء کے بعد جن فنکاروں نے اپنی تخلیقی قوت مندی کا بھرپور ثبوت پیش کیا اور اپنی فکری ندرت کا نقش چھوڑا ان میں ایک نام رئیس الدین رئیسؔ کا بھی ہے رئیس نے شعر و ادب کو محض تفنن طبع کے لیے نہیں اپنایا ہے اور نہ محض ذہنی و فکری جمناسٹک کو اپنے فن کا لازمہ بنایا ہے وہ فن برائے زندگی پر یقین رکھنے والے ایک حقیقت پسند اور حق گو فنکار ہیں۔ انہیں زندگی جو منظر جس طرح دکھاتی ہے اسے اسی پس منظر کے ساتھ کمالِ خوبی سے شعری پیکر میں ڈھال دیتے ہیں کہنے کا مطلب یہ کہ وہ خواہ مخواہ زندگی کے چہرے پر غازہ نہیں ملتے ہیں اور جھنجھلاہٹ میں زندگی کی معنویت و اہمیت کو رد کرنے کی باغیانہ روش اختیار کرتے ہیں ان کے فکر و نظر اور عمل میں ایک خاص طرح کا توازن پایا جاتا ہے اور مجھے کہنے دیجئے کہ یہی توازن ان کی شاعری کو اعتبار بخشتا ہے۔

میں شہر شہر بھٹکتا ہوں اور روزانہ
خود اپنی ذات کی تعمیر کرتا رہتا ہوں
مصوّروں کو ہے زعم مصوّری لیکن
میں اپنی زیست کو تصویر کرتا رہتا ہوں

عموماً شعراء کرام شہر شہر بھٹکنے کے عمل سے اتنا اکتا جاتے ہیں کہ انہیں زندگی نہایت ہی بے معنی معلوم ہونے لگتی ہے اور وہ اپنا سارا غصہ زندگی سے متعلق عوامل پر

اس طرح اُتارنے لگتے ہیں گویا زندگی سکون اور ٹھہراؤ ہی کا نام ہے جب کہ رئیس آس فلسفہ پر کامل یقین رکھتے ہیں کہ دراصل حرکت ہی زندگی کی علامت ہے یہی وجہ ہے کہ وہ شہر شہر بھٹکتے ہیں اس کے باوجود ان کی شخصیت ریزہ ریزہ نہیں ہوتی بلکہ وہ اپنی ذات کی تعمیر کا سامان فراہم کرلیتے ہیں۔

جن لوگوں کو جدیدیت کی حامل شاعری اور ۸۰ء کے بعد والی شاعری میں حد فاصل محسوس نہیں ہوتا ہے انہیں رئیس آ کے اس شعر پر ضرور غور کرنا چاہیے نیز ۸۰ء کے بعد والے شعراء کے معنوی دروبست کا اسی تناظر میں مطالعہ کرنا چاہیے دوسرا شعر بھی ایک خاص طرح کی خود اعتمادی کی آگ رکھتا ہے۔ کہاں تو جدیدیت کے تناظر میں زندگی ہی مبہم اور مشکوک بن کر رہ گئی ہے اور کہاں اس کے بعد کا فنکار زیست کو تصویر کرنے کی خود اعتمادی سے مملو نظر آتا ہے اس طرح اگر رئیس کی شاعری پر غور کریں تو معلوم ہوگا کہ ان کی شاعری ان کی اپنی ذہنی اُپج کی حقیقی تصویر ہے وہ اینٹ پر اینٹ رکھ کر عمارت بنانے کے قائل نہیں ہیں بعض لوگ تو مکھّی پر مکھّی بٹھا کر خود کو قطب مینار کا خالق سمجھنے لگتے ہیں۔

رئیس الدین رئیس آ کا لہجہ اپنے ہم عصروں میں سب سے مختلف ہے ان کے یہاں جو ایک خاص قسم کی فن کارانہ خود اعتمادی اور جدّت فکر کی رمق پائی جاتی ہے وہ بہت کم شعراء کے حصے میں آتی ہے۔ شعر دیکھئے

ہزار عیب خود اپنے ہی نام میں لکھ کر
میں تیری رائے ہمہ گیر کرتا رہتا ہوں

یہ اپنی شخصیت پر اعتماد ہی کا نتیجہ ہے کہ اپنے نام تمام عیوب لکھ کر بھی اپنی شخصیت کی کھّی چاندی کو محفوظ و مامون رکھا ہے آج کے فنکار تو اپنی شخصیت پر لگنے والے بلکہ

لگائے جانے والے ایک معمولی دھبّہ سے اس قدر گھبرا جاتے ہیں کہ ان کی پوری شخصیت ہی ریت کی طرح بکھر جاتی ہے۔ حقیقت یہی ہے کہ جب فن کار اپنے تجربات کی ٹھوس زمین پر کھڑا ہوتا ہے اور اس کی نظر اپنے ضمیر پر ٹکی ہوتی ہے تو پھر اس کا ہر عمل ایک خاص طرح کی آئرن کا حامل بن جاتا ہے اور پھر ان کی شخصیت سے بڑا سے بڑا حادثہ ٹکرا کر پاش پاش ہو جاتا ہے اسی غزل کا دوسرا شعر بھی مثبت قدروں کی پاسداری اور شخصیت کی مضبوط و مامون تہہ داری کا بھرپور احساس ہوتا ہے شعر دیکھئے

وہ میری فکر میں بدلے کا زہر گھولتا ہے
مگر میں زہر کو اکسیر کرتا رہتا ہوں

رئیس الدین رئیسؔ کی شاعری میں جگہ جگہ طنز کی ایسی کاٹ پائی جاتی ہے کہ قاری چونک اٹھتا ہے زندگی سے متعلق حقیقی عوامل اور تہذیبی روایات کا شعور رئیسؔ کو واقعاتی تناظر کو تیکھے انداز میں بیان کرنے کا ہنر بخشتا ہے۔

ہنر ہے جسم پہ اترن کو زیب کر لینا
گدائے شہر بھی اب بادشاہ لگتا ہے

زندگی سے جوجھنے کا عمل رئیس کے یہاں بہت نمایاں ہے انہیں نئی تہذیب و تمدن کے تناظر میں قدیم صالح قدروں اور تہذیبی تقدیس کی حامل روایتوں کا معدوم ہونا اکثر کچوکے لگاتا ہے یہی وجہ ہے کہ ان کی شاعری میں داخلی اور خارجی کشمکش انسان کو کسی اذیّت میں مبتلا رکھنے کے بجائے کسی نہ کسی کنارے لگا دیتی ہے اور شاعر خود پل بھر میں حالات کی ندی پار کر جاتا ہے۔

تمام رات جلے جو الاؤ ماضی کے
نمود صبح کے ہمراہ وہ بھی خاک ہوئے

نئی تہذیب اور نئی تعلیم ایسی چکا چوند روشنی لے کر آئی ہے کہ انسان دیدۂ بینا سے یکسر محروم ہو گیا اس تہذیب اور تعلیم و تمدّن نے صرف دولت کو ہی اپنا منبع اور منشا بنالیا ہے یہی وجہ ہے کہ صدیوں پرانی انسانی تہذیب لہولہان ہوتی جا رہی ہے عزت و وقار اور رشتہ و انسلاکات کا دامن تار تار ہوتا جا رہا ہے یہ صارف تہذیب کی بہت بڑی کامیابی ہے کہ اس نے مادی اشیاء سے لے کر روحانی احساسات اور خالص جذبات تک کو مارکیٹ کا سامان بنا دیا ہے اس صورت حالات نے شاعر کے لب و لہجہ میں طنز کی عجیب کاٹ پیدا کر دی ہے چنانچہ رئیس کہتے ہیں۔

یہاں دستار ہی کیا سر بھی بازاروں میں بکتے ہیں
جو ہوگی جیب میں نقدی خریداری بھی آئے گی

حیرت کی بات یہ ہے کہ بازار میں دستار ہی نہیں سر بھی بکتے ہیں مگر اس صورت حال پر کوئی ماتم کناں نہیں ہے کیوں کہ جو نسل شہر میں پیدا ہو کر شہر میں سن شعور کو پہونچتی ہے اس کے لیے ان باتوں میں کوئی انوکھا پن نہیں ہے دوسری اہم بات یہ ہے کہ آج کا ہر شہر بیوپار اور پاپ کلچر کا پروردہ ہے جب شہر ہی ہوش میں نہیں ہے تو کسی کو ماتم کرنے کا سلیقہ کہاں سے آئے گا۔

کسی کو شہر میں نوحہ گری کا فن نہیں آتا
رہیں گاؤں میں جا کر تو عزاداری بھی آئے گی

لیکن افسوس کی بات تو یہ ہے کہ جہاں شہر اپنے پاؤں نہیں پسار سکا ہے وہاں تک شہروں کی خباثتیں انٹرنیٹ اور ٹی وی کے ذریعہ اپنے پنجے مضبوط کر چکی ہے اور اب گاؤں کا تصور بھی مفقود ہوتا جا رہا ہے۔

رئیس الدین رئیس مٹتی ہوئی تہذیب کے ملبے پر بیٹھ کر محض بین کرنا نہیں جانتے

ہیں اور سچ تو یہ ہے کہ ان کے کلام میں منفعلانہ نوحہ گری کا شائبہ بھی نہیں پایا جاتا البتہ تہذیب اور روایات کی تقدیس کے ہالے کا ٹوٹنا انہیں اندر سے تپا ضرور دیتا ہے اور وہ شعر کی زبان میں فکر و نظر کو حرارت بلکہ جلا بخشنے والا کوئی نہ کوئی انگارہ ضرور اُگل دیتے ہیں۔

جب قلم لکھے گا اپنے عہد کے چبھتے سوال
اے امیر شہر تیرا امتحاں ہو جائے گا

رئیس الدین رئیسؔ جہاں فکری اعتبار سے ایک باشعور فنکار ہیں وہیں فنّی اعتبار سے بھی ایک باکمال شاعر ہیں ان کا کمال یہ ہے کہ وہ زندگی کے کسی بھی مسئلے کو اپنے شعری اظہار کی گرفت میں لے لیتے ہیں وہ بھی اس خوبی کے ساتھ کہ نہ تو حقیقت کا چہرہ مسخ ہوتا ہے اور نہ شاعری کی چاشنی میں کمی واقع ہوتی ہے یہ چند اشعار میری بات کی توثیق کے لیے کافی ہیں۔

غبارِ اشک مری چشمِ بے خطا سے نکل
مرے غنیم کریں گے یہاں وضو تجھ سے

میں اپنے قتل کا الزام کس کے سر رکھتا
جب اپنے ہاتھ ہی میرے لہو میں تر نکلے

ابر نیساں نہ برس یہ تری مرضی لیکن
کتنا پیاسا ہے لبِ جو یہ صدف دیکھ تو لے

آنکھ کی بے چارگی کا کون سا لمحہ ہے یہ
کھنچ گئی ہیں کتنے جسموں سے ردائیں اے خدا

پتھروں کے شہر میں کوئی جنوں کی داد دے
میرے شانوں پر رکھا ہے میرا سر بکھرا ہوا

عمر بھر مجھ کو رہی ہر لمحہ خود اپنی تلاش
حد تو یہ ہے رات کو سوتے میں بھی چلنے لگا

میں سفیر امن ہو کر بھی ہوں کتنا بے اماں
راستے پُر خار میرے روز و شب دشمن مرے

بد گماں ہو جاؤں خود سے ہی گماں ایسا نہ ہو
قد مرا اونچا ہو لیکن آسماں ایسا نہ ہو

منکشف دریا کا جب باطن ہوا
ساحلوں پر آسماں ساکن ہوا

فی زمانہ ایک مخصوص تناظر میں ایسا باکمال شاعر معدودے چند ہی پیدا ہوا ہے اس کے باوجود ہماری تنقیدی روایت اپنی چشم پوشی سے باز نہیں آئی ہے اگر ایماندارانہ تنقید و تحریر کا ماحول اردو زبان و ادب میں پیدا ہو جاتا تو آج رئیس جیسے معتبر شاعروں کے شعری کمالات سے اردو دنیا پوری طرح واقف ہوتی اور ان کی شاعری باذوق قارئین کی روح کی غذا بنتی ہمیں امید ہے کہ گروپ بندی کے حِصار سے باہر نکل کر ارباب فکر و نظر رئیس کی شاعری کا جائزہ لیں گے اور ان کے لہجے کی انفرادیت کو شدت کے ساتھ محسوس کریں گے اس سے جہاں یہ فائدہ ہو گا کہ ایک فنکار اپنی انفرادیت کے ساتھ ممتاز مقام حاصل کرے گا وہیں اردو کا عام قاری بھی شعر و ادب کے بدلتے ہوئے مزاج کا ادراک حاصل کر لے گا۔

علاّمہ ماجد الباقری (مرحوم) گوجرانوالہ۔ پاکستان

پیش لفظ "آسماں حیران ہے۔" ۱۹۹۵ء

رئیس الدین رئیس کہنہ مشق شاعر ہیں ان کی غزل فنی اور عصری تقاضوں سے آراستہ ہے جہاں ان کی غزل زندگی کی بھرپور ترجمانی کرتی ہے وہاں غمِ جاناں کے ساتھ غم دوراں کی چھاپ زیادہ گہری نظری آتی ہے۔ روایتی غزل کے شیش محل میں جدید حسیّت کی دھنک رنگ شمعیں جھلملاتی ہوئی نظر آتی ہیں۔ تخلیقی سطح پر یہ اعزاز کلاسیکی غزل کے بہت کم شعراء کو حاصل ہوا ہے میزائلوں اور بارود باری کے عہد میں سیاسی و سماجی تغیرات کا پرتو بھی ان کی غزلوں میں نمایاں ہے۔

عصرِ حاضر کے مسائل طبقاتی کش مکش فرقہ وارانہ منافرت۔ مادہ پرستی۔ افلاس۔ غربت۔ بے روزگاری۔ بھوک ننگ ظلم و ستم کی عکس ریزی کے ساتھ ساتھ بے انصافی اور معاشرتی ناہمواری کے خلاف پرعزم جدوجہد کا سراغ بھی ملتا ہے۔

رئیس الدین رئیسؔ قنوطی شاعر نہیں بلکہ رجائی شاعر ہیں یہ انداز مایوس انسانوں میں زندہ رہنے اور مصائب و مسائل سے نبرد آزما رہنے کا حوصلہ عطا کرتا ہے۔

رئیس الدین رئیسؔ اقدارِ اعلیٰ کی بازیافت کی جنگ لڑ رہے ہیں۔ ہجرت۔ سفر۔ پڑاؤ۔ بے گھری۔ زادہ ایسے استعارے ہیں جو عہد نو کے ہر فرد کو اپنے شکنجے میں جکڑے ہوئے ہیں۔ بے حفاظتی اور عدم استحکام کی اس فضا کو شکست دینے کے لیے ان کا تشخص ایک ایسے سفیرِ امن کا بنتا ہے جو مکہ سے مدینہ جانے والے قافلے کے ساتھ ہجرت کرنا چاہتا تھا لیکن شریک سفر نہ ہو سکا اور اب حق و باطل کی جنگ تنہا لڑ رہا ہے۔ رئیسؔ کی

غزلوں میں لہو کا استعارہ خاکِ کربلا سے اٹھتا ہوا روئے زمین پر چھا جاتا ہے۔

رئیس الدین رئیس تلاش ذات کے شاعر ہیں خود شناسی انہیں کائنات شناسی کی منزل تک پہنچا دیتی ہے۔ اسے ایک طرف عمرانیات کے حوالے سے خارجی ہفت خواں عبور کرنا پڑتا ہے۔ اور دوسری طرف نفسیات کے حوالے سے داخلی ہفت خواں طے کرنا پڑتا ہے اسے طے کرتے ہوئے اس کو جن دشواریوں سے گزرنا پڑتا ہے غزل ان کی فنی ترسیل رموز و علائم کو اظہار ذات کا ذریعہ بنالیتی ہے شاعر کی اس دوسری شخصیت میں کرب تنہائی اس کی روح کو ہر وقت جہنم سے ہمکنار رکھتا ہے کیوں کہ سارے تعلقات اور رفاقتیں جو اس اعصاب شکن سفر سے نبرد آزما ہونے میں میسر آتی ہے ایک ایک کر کے ساتھ چھوڑ جاتی ہیں اور وہ اپنے لمحۂ نجات کو نزول سے پہلے اس جانکاہ احساس سے چھٹکارہ حاصل نہیں کر سکتا اس بھری دنیا میں اکیلا پن مقدر رہے۔ رئیس نے ایک جگہ کہا ہے۔

ثبوت فتح رئیس اور کیا ملے تجھ کو
پناہ مانگ رہا ہے تراعدو تجھ سے

یہ بھی تلاش ذات کا وہ مرحلہ ہے جہاں کوئی ثبوت کوئی گواہی شاعر کو مطمئن نہیں کرتی شاعر اس وقت تک شواہد اور بیانات کی تشکیک کی نذر کرتا رہتا ہے جب تک وہ اپنی ذات کو تسخیر نہیں کر لیتا۔

غزل کی روایتی شان و شوکت برقرار رکھتے ہوئے ان کی سوچ جدید حسیت کے منطقی بہاؤ میں تصوّف اور دینیات کی لہروں کو ساتھ ساتھ رکھتی ہیں اور اس طرح کلاسیکی لہجے میں جدت کا منفرد اسلوب آوازوں کے گھنے جنگل میں الگ شناخت رکھتا ہے۔

ظہیر غازی پوری ہزاری باغ (بہار)
مقدمہ : "زمیں خاموش ہے" ۲۰۰۱ء
"رئیس الدین رئیس کا شناخت نامہ"

سینکڑوں سال سے اردو غزل کہی جارہی ہے۔ قریب قریب ہر دور میں غزل گو شعراء کی تعداد اندازاً بیس پچیس ہزار تک رہی ہے ان میں سے پچاس فیصد شعراء نے خون لگا کر شہیدوں میں شامل ہونے کی روایت کو زندہ رکھا پچیس فیصد نے پیشہ آباء کی وراثت سنبھالنے کا فریضہ انجام دیا پندرہ فیصد نے شوقیہ ہابی کے طور پر یا ادب پسندوں میں غرور وقار کے حصول کے لیے اس کا لبادہ اوڑھا اور بقیہ دس فیصد ہمیشہ جینوئین رہے ہیں اور ایسے ہی غزل نگار شعراء نے شعری ادب کا عمیق مطالعہ کیا ہے فن کی باریکیوں کو سمجھا ہے۔ لوازم شعری سے واقفیت حاصل کی ہے اور فکر واظہار کی انفرادیت کو پیش نظر رکھ کر تخلیقی کارنامے انجام دیے ہیں۔ میں سمجھتا ہوں کہ غزل کے ساتھ کسی حد تک انصاف بھی انہیں شعراء نے کیا ہے۔

غور فرمائیے کہ فریم یا چوکھٹا ایک ہیئت فارم۔ تکنیک اور ساخت بھی ایک قافیے ردیف کی بندش بھی ایک جیسے ۔ ہر زمانے کے حالات اور مزاج کے مطابق الفاظ بھی تقریباً ایک جیسے مگر ہر تخلیقی شاعر کی زبان مختلف۔ اظہار کا پہلو جدا اور شعریت۔ کیفیت۔ وژن۔ امیجری اور عصریت کو شخصیت فن میں جذب کرنے کا انداز الگ رہا ہے یہی انداز جسے ہم لب ولہجہ۔ طرز اظہار فکری تازہ کاری۔۔ ندرت ادا اور جامد احساس کو سیالی کرنے کا سلیقہ وغیرہ بھی کہتے آئے ہیں۔ ایک ہی دور کے مختلف جینوئین شاعروں کی

غزل کا بہ نگاہِ غائرانہ مطالعہ کیا جائے تو رنگ و آہنگ کے اعتبار سے ہر شاعر کی غزل بالکل الگ اور خصوصی امتیاز کی حامل نظر آئے گی۔ دراصل یہ معاملہ ہے شعریت اور کیفیت کا جس کی نہ تو وضاحت ممکن ہے اور نہ تشریح و تعریف کے لیے الفاظ موجود ہیں۔ ایسا لگتا ہے ذہن کا چاک چلتا ہے اور فکر کا ہاتھ کسی کوزہ گر کی طرح ایک غیر محسوس طریقہ سے جب چاہتا ہے موضوع کی چکنی مٹی کو ایک نئی شکل عطا کر دیتا ہے اور غزل کی یہی نئی شکل ہر عہد میں انفرادیت کا ڈنکا پیٹتی رہی ہے یہ بھی سچ ہے کہ ہر عہد میں غزل اپنی بے پناہ جولانی جاذبیت اور آب و تاب کے ساتھ زندہ رہی ہے لہٰذا استرداد کا رویہ۔ ٹکراؤ کی صورتِ حال اور شناخت کا مسئلہ ادب کے میدان میں نیا نہیں ہے۔ میں ہمیشہ کہتا رہا ہوں کہ اپنی شناخت قائم کرنے کے لیے شاعر کو نہ تو جدت و تکرار کی ضرورت ہوتی ہے۔ نہ شور شرابے کی اور نہ کرتب دکھانے کی۔ جدیدیت اور تجربات کے نام پر بہتوں نے منہ کا ذائقہ بگاڑا سرکس کے مسخروں کی طرح اچھل کود دکھائی اور ابہام کے نام پر مہملیت کو قدر بنا کر پیش کرنے کی کوشش کی مگر آج ایسے شعراء ادب کے ہر منظر و پس منظر سے غائب ہو چکے ہیں۔ غزل گوئی پر دسترس حاصل کرنے کے لیے غزل کی تہذیب۔ غزل کی تہذیب کے کلچر غزل کے ایمائیت اور غزل کے مزاج کو بخوبی سمجھنا ضروری ہے ایک سرسری ناقدانہ نظر بھی ڈالیں تو ہم دیکھ سکتے ہیں کہ تربیت یافتہ ذہن رکھنے والے شعراء نے نہ صرف غزل کو اپنی گرفت میں لیا ہے بلکہ غزل کو امتیازی شان بھی عطا کی ہے ایسے ہی بیدار مغز۔ واقعیت پسند اور خوش فکر شاعروں میں رئیس الدین رئیس بھی شمار کیے جاتے ہیں کم و بیش دو دہائی قبل انہوں نے دنیائے ادب میں رسائی حاصل کر لی تھی اور اپنے منفرد اظہار بیان اور عصریت کے تقاضوں کو نیا رخ۔ اور نئے وژن سے تابناکی بخشنے کے باعث برصغیر ہند و پاک میں بہ سرعتِ تمام اپنی جگہ بھی محفوظ کرائی تھی اُن کا مجموعہ

غزلیات "آسماں حیران ہے" ۱۹۹۵ء میں شائع ہوا جس کی دنیائے ادب کے تمام حلقۂ فکر میں پذیرائی ہوئی ان کے بعض اشعار کافی مشہور ہوئے۔

ہر ایک شخص کے ہاتھوں کو کیسے کاٹو گے
لکھے گا کوئی تو قصہ انا فروشی کا

ورق ورق تجھے تحریر کرتا رہتا ہوں
میں زندگی تری تشہیر کرتا رہتا ہوں

دولت نہ سہی رزقِ انا تو ہے مرے پاس
دنیا کے خداؤں کو خدا میں نہیں کہتا

نظر ورانِ زمانہ جو کم نظر نکلے
بجز ہمارے سبھی لوگ معتبر نکلے

رئیس الدین رئیس اپنے نام اور تخلص کے معاملے میں بالیدہ نگاہی کے معاملے میں اور غزل کے شعر میں معنوی حسن پیدا کرنے کے معاملہ میں واقعی رئیسؔ واقع ہوئے ہیں لیکن زندگی کی سفاکی اور حالات کی بے رحمی نے انہیں ہمیشہ جکڑے ہوئے رکھا ہے انہوں نے پل پل مصائب حیات کا زہر پیا ہے۔ محرومیوں کے زخم کھائے ہیں۔ استحصال کا ننگا ناچ دیکھا ہے۔ اور کانٹوں بھری اس راہ سے گزرے جس پر صرف تلوے نہیں پورا وجود لہولہان ہو جاتا ہے اذیتوں کی پل صراط ان کے پاؤں سے تاحیات بندھی رہی اور ناکامیوں کے صلیب پر ان کی خواہشات کا بدن لٹکا رہا مگر نہ تو ان کے چہرے پر شکن آئی اور نہ حوصلے پست ہوئے لہٰذا ہر زہر ان کے لئے امرت اور ہر زخم پھول بن گیا اور ان کی غزل جبر و تشدد کی حکایت یا غم زندگی کا نوحہ بننے کی بجائے اس ادبی قدر سے وابستہ ہو گئی جو میرؔ۔ شبلی اور گورکی کے المئے کی شکل میں قبولیت عام کا شرف حاصل کر چکی ہے۔ ان کا

حزن و یاس بلند حوصلوں کا داعی ہے۔ اجتہادی کیفیت کا غماز ہے 'اور اپنے راستوں پر گامزن رہنے کا اعلامیہ ہے سخت سے سخت حالات میں بھی انہوں نے غزل کی شگفتہ پیکری پر آنچ نہیں آنے دی مجھے ان کی غزل پر چند لفظوں میں اپنی رائے کا اظہار کرنا ہو تو بس میں اتنا ہی کہوں گا کہ آشوب و ابتلا کے پالنے میں اس نے تجربات و مشاہدات کے وہ تمام ذائقے چکھے جو حیات و کائنات نے اب تک طبقاً یا جبراً عطا کیے ہیں اس کی توثیق کے لیے بعض غزلوں سے منتخب کردہ یہ اشعار ملاحظہ فرمائیں

مری ہستی کا بس حاصل یہی ہے
میں پلکوں پر جو مشعل دیکھتا ہوں

کسی سے پوچھیں کیوں پہچان اپنی
خود اپنے دل کا آئینہ بہت ہے

چبھتا رہتا ہے مری آنکھوں میں ہر دم اک سوال
کوئی پس منظر نہیں تو پیش منظر کون ہے

حریف تیر و کماں لے کے آئے ہیں بیکار
خود اپنے آپ ہی سے محوِ جنگ ہوں میں تو

آواز کے نشے میں ہو مسرور کہ تم نے
ہونٹوں سے نکلتے ہوئے شعلے نہیں دیکھے

رئیس ان خوش بخت شعراء میں ہیں جن کی غزل نے فوری طور پر ان کے ہم عصروں کو بھی اور بزرگوں کو بھی متاثر کیا ہے اور نہایت خوش دلی سے ارباب فن نے ان کی غزل پر اپنی بے باکانہ رائے کا اظہار کیا ہے۔ محمد بدیع الزماں نے لکھا کہ "رئیس اپنی آواز کی انفرادیت لہجہ کی پختگی طرزِ ادا کی سبک روی کے باعث جدید اردو غزل میں اپنا

منفرد مقام رکھتے ہیں وہ لب ولہجہ کے اعتبار سے ایک نمائندہ شاعر ہیں"

انور شیخ (انگلینڈ) کے خیال میں "رئیس نہ صرف ہندو پاک کے جانے پہچانے شاعر ہیں بلکہ مغربی ممالک کے جرائد میں بھی ان کا کلام چھپتا رہتا ہے۔" سید معراج حاجیؔ (کراچی) نے اظہار خیال کیا ہے کہ "رئیس الدین رئیسؔ کے کلام میں جدیدیت زیادہ ہے مگر جدیدیت نامانوس اور بے لگام نہیں ہے" پروین کمار اشکؔ نے نشاندہی کی کہ "رئیس الدین رئیسؔ کی غزل ان کی فن شاعری کے جوہر سے مالامال ہے نیز موثر کربیہ اور طنزیہ انداز میں زخمی اسلوب کے ساتھ شعر کے خوبصورت تحفے دیانت داری اور خلوص کے ساتھ پیش کیے ہیں" ڈاکٹر شہپر رسولؔ نے ایک خاص نکتہ کی طرف اشارہ کیا کہ "رئیس کے شعری اظہار میں اقتدار کی پامالی اور تہذیب کی شکستہ حالی کا نوحہ بھی ہے اور گہرا طنز بھی نیز رئیس کی شاعری امکانات سے پر ہے" ڈاکٹر اسعد بدایونی نے واضح کیا کہ "رئیس نے اپنی ذاتی محرومیوں اور حسرتوں کو ایک لطیف پیرایۂ سخن میں ادا کیا ہے جس کی وجہ سے ان کے کلام میں وہ وصف پیدا ہو گیا ہے جو ترسیل و ابلاغ سے عبارت ہے" ڈاکٹر شباب للت نے تحریر کیا ہے کہ "رئیس کی غزل موجودہ مادّی و مشینی عہدے کے عدم تحفظ سے بدلتی ہوئی سماجی اقدار کردار و اخلاق کے زوال اور نفسانفسی و خود غرضی کے زہر آلودہ ماحول کی پر اثر اور بھرپور عکّاسی کرتی ہے۔ کرشن موہنؔ کے لفظوں میں "ان کی غزلوں کے اکثر اشعار میں ایک ذہین و فطین شاعر کا جنون صاحب ادراک ہو کر اجاگر ہوتا ہے۔" کرامت علی کرامتؔ نے محسوس کیا ہے کہ رئیسؔ سب سے ہٹ کر نئی بات پیش کرنے کی کوشش کرتے ہیں اور ان کے اسلوب میں تازگی و شگفتگی ہے۔" کالی داس گپتا رضا نے ان کی غزلوں کے مطالعہ کے بعد یہ نتیجہ اخذ کیا ہے کہ "جدید افکار رئیس کے لیے اجنبی نہیں ہیں اور ان کے یہاں کہیں کہیں شکست خوردگی کا احساس پایا جاتا ہے۔"

ڈاکٹر شہریارؔ نے رئیس کو اچھا شعر کہنے والے شعراء میں شمار کیا ہے اور یہ بھی تسلیم کیا ہے کہ رئیسؔ کے یہاں تجربات کے علامتی اور استعاراتی اظہار میں جو صداقت پختگی اور حسن نظر آتا ہے وہ ان کا امتیازی وصف ہے۔"بقول غلام ربانی تاباں "زبان وبیان کی خوبیوں نے ان کی شعری تخلیقات کو خاصے کی چیز بنا دیا ہے" مندرجہ بالا اہل الرائے کے علاوہ بھی بہت سے صاحبِ نظر فن کاروں نے رئیس کی غزلوں پر اظہار پسندیدگی کیا ہے میں یہاں تین مقتدر ارباب ادب کی تحریروں کے بعض اقتباسات نقل کرنے کی اجازت چاہتا ہوں۔

"رئیس الدین رئیس کی غزلوں کو پڑھ کر محسوس ہوتا ہے کہ شاعر مصائب کی چلچلاتی دھوپ میں زندگی کی خارزار زمین پر سرگرم سفر ہے رئیسؔ کی غزل کے جمالیات کے شناس ہیں "غزل کی اکائیاں ان کے شعری تجربوں کے اظہار کے لیے خاص طور پر موزوں ہیں یہی وجہ ہے کہ انہوں نے اپنے تخلیقی تجربوں کو فنی رکھ رکھاؤ کلاسیکی نظم اور جمال آفریں زبان کے ساتھ پیش کیا ہے ان کی آواز کا چہرہ روز برون نکھر رہا ہے۔"(ڈاکٹر عنوان چشتیؔ)

رئیس الدین رئیسؔ کی غزل کی ایک خوبی نے اپنی طرف متوجہ کیا ہے وہ ان کی غزل کے لہجے میں پائی جانے والی رجائیت ہے انہوں نے کومل اور مدھم سروں کے بجائے تھوڑے گرجتے برستے سروں میں غزل کے اچھے شعر کہے ہیں۔ ان کی غزل شکیب جلالی کی غزل سے استفادہ کرتی ہوئی نظر آتی ہے۔ رئیس کے یہاں ردیفوں اور بحور کا خاصا تنوع ہے شاید اس لیے بھی کہ وہ مشقِ سخن کو بوجھ تصور نہیں کرتے اسی لیے ان کے لہجے میں ایک ایسا بہاؤ اور روانی ہے جو ان کی غزلوں کو پڑھتے ہوئے ایک مسرت بھرا تحیر بھی پیدا کرتی ہے"(زبیر رضوی)

رئیس الدین رئیس کی غزل فنی اور عصری تقاضوں سے آراستہ ہے۔ رئیس قنوطی شاعر نہیں بلکہ رجائی شاعر ہیں .... رئیس اقدار علیٰ کی بازیافت کی جنگ لڑ رہے ہیں رئیس تلاش ذات کے شاعر ہیں اور خود شناسی انہیں کائنات کی منزل تک پہونچا دیتی ہے۔" (علامہ ماجد الباقری)

ان مقتبس آراء میں بیشتر باتیں کہہ دی گئی ہیں جو اہم تازہ کار اور تخلیقیت شعار شعراء کی غزل میں ہوتی ہیں یا ہونی چاہیے۔ شعور کی بلوغت کی حدیں پھاندتے ہی شاعر انفرادی لب و لہجے میں اظہار خیال کی سعی بلیغ کرنے لگتا ہے نیئے وسیلوں سے اپنا رشتہ جوڑتا ہے تخلیقی اور استعاراتی زبان کے استعمال پر دسترس حاصل کرتا ہے اور نئی امیجری اور وژن ساخت کرنے کی ہر ممکن سعی کرتا ہے لہٰذا بقول کرامت علی کرامت اس کی باتیں دوسروں سے مختلف ہوتی ہیں اور بقول زبیرؔ رضوی اس کے یہاں بڑے اور قابل قدر شاعر شاعروں جیسے تخلیقی تجربے بھی دیکھنے کو ملتے ہیں زبان و بیان پر قدرت اور شعری تجربوں کی فن کارانہ اظہار کا سلیقہ نہ ہو تو کوئی شاعر مملکتِ شعر میں اپنے قدم جما ہی نہیں سکتا بعض لوگ گروہ بندی کے سہارے حاشیہ برداری کے ذریعہ اور دولت و عہدہ کے باعث دیکھتے دیکھتے شہرت کی بلندیوں تک پہونچ تو جاتے ہیں مگر وقت کا انصاف ایک دن انہیں معتوب ضرور کرتا ہے۔ سید معراج جامیؔ نے یہ وزن دار بات کہی ہے کہ رئیس کے یہاں جدیدیت نامانوس اور بے لگام نہیں ہے جدیدیت پرستوں نے ایک بڑا گروہ بنایا تھا جو نظم و غزل کا حلیہ بگاڑ کر غائب ہو گیا اپنی پہچان بنانے یا سستی شہرت حاصل کرنے کا یہ طریقہ بھی رائج تھا اور بعض شعراء تو آج بھی قارئین کو رجھانے اور متوجہ کرنے کی غرض سے اس قسم کے شعر کہہ رہے ہیں۔

کیا کیجئے آئے برے

اچھا نہیں حسب حال
آخر ہکّے بکّے سے
پیار کیا ہے دھکے سے
کبھی چڑھایا رکشے پر
کبھی اتارا یکے سے

ہمارے عہد کے ایک نام نہاد عظیم نقاد ایسے شعراء میں بھی گہری معنویت تلاش کر لیتے ہیں اور مہمل شعر غزل کو بھی "کاملین" کی نذر کر کے تیسری جنس کے لوگوں کی طرح تالیاں پیٹنے میں اپنا جواب نہیں رکھتے!

یہ بات قابل قدر بھی اور خوش آئند بھی ہے کہ رئیس الدین رئیس نے فیشن زدہ اور بے مہار جدیدیت سے دامن بچایا ہے اور اپنے مخصوص رنگ و انداز میں اپنی فکر کے شگوفے کھلائے ہیں مثال کے طور پر چند ایسے اشعار نقل کر رہا ہوں جن میں نئ فکری باز گشت ہے مگر جدیدیت کی لایعنیت نہیں۔

عجیب بات کہ مجھ سے مرا ہی آئینہ
مری شناخت کا کوئی نشان چاہتا ہے

ہمارے پیروں سے لپٹی ہیں ہجرتیں لیکن
بھرے جہاں میں ہمارا مکاں کہیں بھی نہیں

ہمارے عہد کی تہذیب ہی کچھ ایسی ہے
ہمارے بچے ادب آشنا نہیں ہوتے

کیا غرض مجھے اس سے تتلیوں پہ کیا گزری

میں تو آج پھولوں کی نذرِ سنگ کر آیا

ہر ایک بات پہ بس قہقہے برستے ہیں

یہ طرز کتنا نرالا ہے دل کے رونے کا

ماں باپ سے روٹھی ہوئی اولاد نے شاید

شاخوں سے لپٹتے ہوئے پتے نہیں دیکھے

ان اشعار کے مطالعہ سے بخوبی اندازہ ہو جائے گا کہ رئیس نے اظہار کے نئے وسیلوں کو سمجھا ہے اور برتا بھی ہے ان کی بصیرت اپنی شناخت اور ذات کے اندر جھانکتی ہے اور بصارت باہری دنیا کا مشاہدہ کرتی ہے ان کا آئینہ ان سے وہ شناخت نامہ طلب کرتا ہے جسے روح و بدن کے اندر کا درد و کرب لکھتا ہے اور پاؤں سے لپٹتی ہجرتیں نصف صدی کے بعد بھی بے مکانی پر مرثیہ خواں ہیں۔ رئیسؔ کے شعروں میں آئینہ۔ چہرہ۔ خواب۔ سنگ اور پتے وغیرہ جابہ جا علامت کے طور پر استعمال ہوئے ہیں جو ایسی شعری کیفیت پیدا کرتے ہیں جسے نثر میں بیان کرنا مشکل ہے انہوں نے ہجرتوں۔ تتلیوں۔ قہقہوں سے ایسے وژن خلق کیے ہیں جو ہماری عہد کی تاریخیت۔ نشانیات اور جولیات کی تفہیم کراتے ہیں اور بعض المیوں پر کف افسوس ملنے پر مجبور بھی کرتے ہیں انہوں نے موجودہ عہد کی تہذیب کا آئینہ اس طرح دکھایا ہے کہ دیکھنے والے کی نظر شرم سے جھک جائے گی واقعہ ہے کہ اس دور میں بچے نہ تو اس ادب سے واقف ہیں جو طور طریقہ اخلاق و شرافت کا درس دیتا ہے اور نہ اس ادب سے جسے لٹریچر کہتے ہیں اور جس سے انسان کی ذہنی۔ فکری۔ ادبی تہذیبی مذہبی اور ملکی قدریں محفوظ ہوتی ہیں اور اس کے مطالعہ کے بغیر ہر انسان محض مادیت پرست ہو کر رہ جاتا ہے اور اس میں حیوانیت اور شیطانیت کی قابل نفریں صفات پیدا ہو جاتی ہیں رئیسؔ کے نئے مجموعہ میں اس نوع کے اشعار کی کمی

نہیں ہے رئیس نے کہا ہے۔

مرا قلم مری شمشیر ہے۔ محافظ ہے
مری دعا ہے کہ اس کو کبھی نہ زنگ لگے

رئیس نے قلم کی اہمیت بلکہ اس کے مرتبے کو بھی سمجھا ہے قلم تاریخ بھی لکھتا ہے ادب بھی اور دفتر کی فائل بھی قلم نے مقدس صحیفے انجیل وید قرآن بھی لکھے ہیں قلم امانت بھی ہے اور ورثہ بھی یہ فنکار کی تلوار بھی ہے اور فن کا محافظ بھی۔

کسی بھی لفظ کا جھکنے دیا نہ سر میں نے
قلم کو تیغ بنایا کبھی سپر میں نے

"اللہ کرے زور قلم اور زیادہ" قلم کو اپنی حفاظت میں رکھ لیا جائے اور "غالبؔ صریر خامہ نوائے سروش ہے" جیسے مصارع غور وخوض کی دعوت دیتے ہیں قرآن پاک کی سورۃ العلق میں اللہ تعالی نے خود فرمایا ہے کہ "پڑھئے کہ آپ کا رب صاحبِ تکریم ہے جس نے قلم کے ذریعہ علم عطا کیا انسان کو وہ علم دیا جس سے وہ بے بہرا تھا۔" کائنات کی تخلیق لفظ کن سے ہوئی جو بولا بھی گیا اور لکھا بھی گیا یہی سبب ہے کہ کائنات کو بھی قرآن کہا گیا ہے ایسا قرآن جو لکھا نہیں گیا مگر اس کے اسرار ورموز کا عرفان حاصل کرنے کے لیے لکھے ہوئے قرآن میں جگہ جگہ اشارہ کر دئے گئے ہیں غلامؔ جیلانی برق کی مشہور کتاب "دو قرآن" کے پیش لفظ میں محمد اقبال سلیمانی نے لکھا ہے کہ"

" قرآن ایک نہیں دو ہیں ایک وہ کتاب کی شکل میں ہر مسلمان کے گھر میں موجود۔ ہر حافظ کے سینے میں محفوظ ہے اور دوسرا وہ جو کائنات ارض وسما کی شکل میں ہماری نگاہوں کے سامنے ہے۔"

بقول مولانا رومؒ صرف اللہ کا نام ہے اور یہ پوری کائنات جسے ادیب شاعر اور دانش

ور پڑھ رہے ہیں۔ سمجھ رہے ہیں اور صدیوں سے لکھ رہے ہیں اس کے حرف کن کا اعجاز ہے اسی وجہ سے ادب کی تخلیق کو عبادت کا درجہ دیا گیا ہے۔ حضرت علیؓ نے فرمایا ہے علم اور ادب کے درمیان جو خلاء ہے جو دوری ہے جو فاصلہ ہے اسے عبور کرنا ہی فن ہے۔ ادب ہے۔ شاعری اور قلم بلاشبہ ایک بیش قیمت۔ عطیہ ہے اس لیے رئیس الدین رئیسؔ کی اس دعا میں ہم بھی شریک ہیں کہ ان کے قلم کو نہ کبھی زنگ لگے اور نہ اس کی روانی میں کمی آئے۔

دنیا کی دولت۔ جائیداد ہو یا فنون لطیفہ کا دوسرا علم سب کا سب فن کار کی آخری ہچکی کے ساتھ ختم ہو جاتا ہے۔ مگر باقی رہ جاتا ہے صرف اور صرف شعر و ادب لہٰذا یہی وراثت ایسی ہے جس پر بجا طور پر فخر کیا جا سکتا ہے خدا کرے آنے والی نسلیں اس نکتے کو سمجھیں اور اسے اہمیت دینا سیکھ لیں رئیس کے اس شعر میں اس سچ کی تلخی کے ساتھ شعر و ادب کی ناقدری کا کرب بیکراں بھی امڈ آیا ہے۔

بعد میرے۔ مرے بچوں کی وراثت کیا ہے
یہ کتابیں۔ یہ رسالے ہیں خزینہ میرا

مری دلی دعا ہے کہ رئیس الدین رئیسؔ کا دوسرا شعری مجموعہ "زمیں خاموش ہے" پوری دنیائے ادب میں اور زیادہ پذیرائی اور قبولیت عام حاصل کرے اور ان کے لفظ لفظ کو اعتبار حاصل ہو کیوں کہ وہ خود شناسی اور خود آگہی کی ان منزلوں میں قدم رکھ چکے ہیں جہاں اظہار حقیقت کو تعلّی کا نام نہیں دیا جاتا وہ بے شک یہ کہنے میں حق بجانب ہیں کہ۔

میری فکر کا سورج یوں روشن ہے رئیسؔ
اک اک مصرعہ غزلوں کا تابندہ ہے

رئیسؔ نے کائنات کے متعلقات اور اپنی زندگی کے تلخ تجربوں کو غزل کی کیفیت بنا

کر پیش کرنے کا جو اسلوب اختیار کیا ہے وہ ان کا ایسا شناخت نامہ ہے جس پر ان کی روشن فکر اور نگینوی الفاظ نے اپنی مہر ثبت کی ہے اس لیے بے ہچک یہ بات کہی جا سکتی ہے کہ وقت کی دھند میں بھی ان کے فن کی تابناکی قائم و دائم رہے گی۔

عشرت ظفرؔ (کانپور)

"آسماں حیران ہے" رئیس الدین رئیس کے طویل و بسیط شعری سفر کا ایک روشن پڑاؤ ایک مکمل داستان۔ اس میں ان نا آفریدہ جہانوں کی مٹی کی خوشبو بھی ہے جو ہر چند ابھی وجود پذیر نہیں ہوئے لیکن ان کے تار پود رنگ و آہنگ سب پوری طرح نمایاں ہیں تمام تر پہلو اور زاوئے ایک جاوداں تابناکی کا سرمایہ خود میں سمیٹے ہوئے ہیں اور احساس دلاتے ہیں کہ ان کی بساط لامحدود پر ان بے نہایت رنگوں کی پھوار پڑ رہی ہے جو ماضی و حال کی حلاوتوں اور تلخیوں سے مملو ہیں۔

ان قوس و قزحی رنگوں میں بے کنار فضا کا پھیلاؤ اس طرف اشارہ کرتا ہے کہ سفر خاصا طویل ہی نہیں بلکہ ماورائے جہات بھی ہے جس میں تھکن کے سائے کہیں نظر نہیں آتے اس کے بجائے شاداب اور لہلہاتے ہوئے منظروں کا ایک ہجوم سطح چشم پر ابھرتا ہے اگر کہیں بے آب و گیاہ صحراؤں کی وحشت خیز کشادگی کا احساس ہوتا بھی ہے تو گرم ریت کے تلے خنک چشمۂ آب کی سرسراہٹ نہ صرف یہ کہ سامع پر تراوش کرتی ہے بلکہ قدموں کو اپنے وجود کا احساس کراتی ہے اور یہی وجہ ہے کہ اس طویل سفر نے منزلوں کے خال و خد مدھم کر دیے ہیں انہیں ماضی کی دبیز گرد میں چھپا دیا ہے لیکن اس گرد کی تہہ سے کچھ نئے اور تابناک خد و خال ابھرتے ہیں اور اب مجھے انہیں خد و خال کا مطالعہ

در پیش ہے کیوں کہ یہی اس کے طویل شعری سفر کا سب سے روشن اور سب سے معتبر پڑاؤ ہے۔

ان کا شعری مجموعہ "آسماں حیران ہے" اپنے نام کے اعتبار سے کئی زمانوں کا غماز ہے ایک بے کراں۔ آئنہ تمام کائنات اس طرح اس کے حصار میں ہے کہ اپنے لمحہ پیدا ہونے والے عکسوں کو اس کی تحویل میں دینے پر مجبور نظر آتی ہے یہ آئینہ ایک بے کراں لامتناہی اور غیر مختتم فصیل ہے جس کی گرفت میں زمان و مکاں سمت و ماہ و سال سب بے بس پرندوں کی طرح پھڑ پھڑا رہے ہیں ایک عمیق و بے کنار سمندر جس میں روشن جزیروں کا منظر دامنِ دل کھینچتا ہے لیکن یہ بازی گر دھوکا دینے کے سوا کچھ نہیں کرتے ہر چیز کی لمحاتی ہم سفری کا سراغ اسی سے ملتا ہے ایک طشتِ جواہر ایک دشت جس میں بے شمار چمکدار چوٹیوں والے خیموں کا سماں لیکن یہ نمود سیمیا جیسی ہی ہوتی ہے ہر نقش منفی غباروں سے ابھرتا ہے پھر اسی میں ڈوب جاتا ہے اس طرح نا آفریدگی جو مستقبلیت کے ساتھ ہی قدرے عدم تکمیلیت کی طرف اشارہ کرتی ہے اور یہی عدم تکمیلیت اس کائنات کا سنگ بنیاد ہے۔ عدم تکمیلیت تحرک سے عبارت ہوتی ہے نہ کہ جمود سے اور تیزی سے ایوانِ اعتبار کی طرف بڑھتی ہوئی نظر آتی ہے لیکن بساطِ وجود پر جب تک کوئی نقش ظہور نہیں کرتا اسے تکمیلیت کا پیکر مان لینا انسانی ذہن کا خاصہ نہیں ہے لیکن اتنا ضرور ہے کہ ہر لمحہ جو نا آفریدگی سے آفریدگی کی بساط پر قدم رکھتا ہے خود میں مکمل مبسوط اور ہمہ گیر ہوتا ہے اور مجھے رئیس الدین رئیس کی غزل میں خاص طور پر انہیں ساعتوں کو تلاش کرنا ہے جو اس بساط پر پورے وثوق اعتماد و یقین اور اطمینان کے ساتھ قدم رکھ رہی ہیں اور ان کی شریانوں میں حال و ماضی کے مناظر سے کشید کیا ہوا لہو اس طرح مچل رہا ہے کہ جس میں ہم آفریدہ و نا آفریدہ دونوں جہانوں کو بخوبی دیکھ سکتے

ہیں۔ اس طرح اس بے کراں آئینے سے جو حیرانی ابھرتی ہے وہ بیدلؔ کی زبان میں ایک محیط بے کنار ہے اس میں سفر کے دوران خود اپنا ہم سفر بننا پڑتا ہے اس شاہراہ میں جن سنگ میلوں کی تنصیب کی گئی ہے وہ اس خوشبو کا سراغ دیں گے جو رئیسؔ کی غزلوں کا اصل جوہر ہے اس باب میں یہ دیکھنا ضروری ہے کہ رئیسؔ کے یہاں اس بے کراں آئینے کی حیرانی قطرہ قطرہ ان الفاظ کے نہاں خانوں میں تراوش کر رہی ہے جو ان کی غزل میں معنی کے طلسم تخلیقیت کے طلسم کشا ہیں جو آسماں کے آئینہ حیراں میں ماہ و نجوم و کہکشاں کی طرح روشن ہیں۔ میں نے جو خاص بات ان کی غزل میں محسوس کی ہے وہ یہ ہے کہ ان کے خاکدان احساس اور کارگاہِ فکر میں ڈھلے ہوئے اشعار کا رشتہ محض زمیں سے نہیں ان تمام خلائی مناظر سے بھی ہے جو آسماں کی بے حدود آغوش میں ابھرتے ڈوبتے ہیں۔

اس طرح رئیس کے یہاں ایک طرح کی پر اسراریت در آتی ہے اور بہ بقول علامہ ماجد الباقری داخلی و خارجی ہفت خواں طے کرنے کا عمل ہے مگر اس کی سطحیں عمرانیات و نفسیات سے وابستہ ہیں۔ کسی بھی منفرد و مزاج کے شاعر کا شعری نظام اس کا اپنا تخلیق کردہ ہوتا ہے اس لیے اگر میں رئیسؔ کے شعری نظام کے بارے میں کچھ کہوں تو مجھے یہی کہنا چاہیے کہ اپنے شعری سفر کو منفرد بنانے کے ساتھ ساتھ کہیں آسان کہیں دشوار بنانے کے لیے انہوں نے ایک ایسا نظام تخلیق کیا ہے جو ان کا اپنا ہے اس پر کسی کا سایہ نہیں۔

رئیس الدین رئیسؔ بنیادی طور پر غزل کے شاعر ہیں انہوں نے نئی غزل کو نیا لہجہ نیا اسلوب اور بڑی حد تک نیا لفظی نظام عطا کیا ہے اور یہی وجہ ہے کہ جدید غزل کے ایوان میں ان کی آواز ایک منفرد ارتعاش رکھتی ہے۔ بات شعری نظام کی آئی ہے تو یہ وضاحت ضروری ہے کہ ایک ایسے شاعر کے لیے جس کی فکر اس کے اپنے معاصرین میں منفرد ہو لازم ہوتا ہے کہ وہ نیا لفظی نظام تشکیل کرے اور تہہ در تہہ معانی کا ایک جہان تازہ آباد

کرے کیوں کہ الفاظ کی چمک دمک کا انحصار صرف معانی پر ہے اگر لفظوں میں کثیر الجہت معانی نہیں ہیں تو وہ بے آب ہیں خذف ریزوں کی طرح بے رنگ کم سواد اور حقیر! بڑے شاعر کی شناخت الفاظ سے نہیں معانی کی کثیر الجہتی سے ہوتی ہے اور یہ بات رئیس کے یہاں بہت نمایاں نظم ہے اسی لیے میں "آسماں حیران ہے" کو ایک روشن عظیم شعری پڑاؤ مانتا ہوں اس پڑاؤ میں لمحاتی قیام در اصل ماندگی کا وقفہ نہیں ہے کہ دم لے کر آگے چلنا ہے کہ اس پڑاؤ پر ٹھہر کر مقصود ہے محاسبہ کرنا ان نا آفریدہ تخلیقی جہات کا جو ابھی افکار کے ناقابلِ عبور سمندروں کی بے چین اور مضطرب گہرائیوں میں پڑی سو رہی ہیں مقصود ہے تخلیقیت کی اس آتش سیال کو پرکھنا جو اس تازہ کار لفظی نظام کی رگوں میں تند حرارت کے سرمائے سے مالا مال بہہ رہی ہے ظاہر کہ نا آفریدہ جہانوں کی ساعتِ طلوع شاعر کے ضوفشاں اور لا محدود فکری افق پر قدم رکھ چکی ہے اور اسے الفاظ کے تہہ دار بطون میں معنی بنا کر محفوظ کرنے کے عمل میں مصروف ہے اس لیے "آسماں حیران ہے" رئیس الدین رئیس کے شعری سفر کا ایک روشن پڑاؤ بن گیا ہے جہاں ایک پُر شکوہ لشکر خیمہ زن ہے اور اس پڑاؤ کے نواح و سواد میں رات اپنے معطر اور ریشمی گیسوؤں کے سرمائے کو خوش خرام ہواؤں کے سپرد کر رہی ہے اور چاروں طرف ایسے الاؤ روشن ہیں جن کے شعلے خلاؤں کی تسخیر کے لیے مچل رہے ہیں اس روشنی میں غیر فانی چہروں کا ایک ہجوم ہے جس سے نا آفریدہ داستانیں قطرہ قطرہ ٹپک رہی ہیں اس منظر تحیر خیز سے سرسری طور پر گزرنا مشکل ہے ان جہانوں میں جو جہانِ دیگر اپنا جلوہ دکھانے کے لیے بیتاب ہیں ان کے چہروں پر پڑی دبیز نقابوں کو کیوں نہ اٹھایا جائے اور ان کے رنگا رنگ متنوع پیکروں کو کیوں نہ دیکھا جائے جو لفظوں کے صحرائے بے رنگ کو عبور کر کے معانی کی بساطِ کشادہ پر قیام پذیر ہیں رئیس الدین رئیس کے اس شعری مجموعہ میں نیا لفظی نظام تو

ہے ہی غزلوں کی منفرد آہنگ کی ردیفیں وضع کرنے میں بھی انہوں نے ندرت سے کام لیا ہے اس طرح ایک سحر انگریز فضا خلق ہوتی گئی ہے جس نے انسانی نسل کی کرب انگیز کائنات کو اپنے اندر سمیٹ لیا ہے معانی کی کثیر الجہتی کا ایک خاص نظریہ ہے کہ آسمان کے حوالے سے جو مناظر فطرت وجود پذیر ہوتے ہیں وہ بے حد تخلیقیت آمیز ہیں ایسا محسوس ہوتا ہے کہ آسماں کی بے کنار فضاؤں میں لہلہاتے ہوئے آئینوں نے تمام ارضی منظروں کو اس طرح خود محفوظ کیا ہے کہ متحرک تصویروں کا ایک جہانِ غیر فانی عکس ریز نظر آتا ہے۔ یہ آئینے خود کو حیرانی کے غبار کے سپرد نہیں کرتے ہیں بلکہ آنکھوں پر آبشارِ حیرت بھی گراتے ہوئے نظر آتے ہیں یہ اشعار قابل توجہ ہیں۔

تری ہی ذات تو محور ازل ابد کا ہے
تمام نقطے ترے دائرے بھی تیرے ہیں

غبار اشک مری چشم بے خطا سے نکل
مرے غنیم کریں گے یہاں وضو تجھ سے

تمام شہر میں ہے عام کاروبار ہوس
کہ چہرے چہرے پہ چسپاں ہے اشتہار ہوس

تری طلب پہ تو حیراں ہے آسمان رئیس
کہ تونے چاند نہیں اس کا داغ مانگا ہے

ان اشعار میں ایسی آہٹیں موجود ہیں جو احساس دلاتی ہیں ایک بڑی شاعری رفتہ رفتہ پردۂ وجود پر اپنا اظہار کر رہی ہے الفاظ کی ہمہ گیری معانی کی کثیر الجہتی کا ایک خاص منظر ہے۔

خلاّق اعظم کی ذات ہی ازل اور ابد کا محور ہے اس میں ہم سب نقطوں دائروں

قوسوں اور زاویوں کی طرح متحرک ہیں گویا ایک چاک ہے جو مسلسل گردش میں ہے یعنی خلاقِ اعظم نے یہ سب کچھ ہمارے لیے بنایا ہے چاک محور پر گھوم رہا ہے تخلیق کا عمل جاری ہے کئی نا آفریدہ پیکر باہر آنے کے لیے بے قرار ہیں یہاں غالبؔ کے اس شعر کی طرف ذہن جاتا ہے۔

ز آفرینش عالم غرض جُز آدم نیست
بہ گرد نقطۂ ما دورِ ہفت پرکار است

اسی طرح دیگر اشعار میں غبارِ اشک کا چشم بے خطا سے باہر آنا پھر غنیم کا اس غم آمیز غبار میں وضو کرنا یا پھر چاند سے اس کا داغ طلب کرنے پر آسماں کی حیرانی یہ سب ایسی سوچ ہے جو براہِ راست اشارہ کرتی ہے کہ شاعر کا فکری ارتفاع کیا ہے اور اس کی شریانوں میں کیسی آتش سیال بہہ رہی ہے۔ رئیسؔ کے یہاں لفظ و معنی کا ایک طلسم ہے انہوں نے اپنے معاصرین کے مزاج سے ہٹ کر الفاظ کو نئے معنیاتی تفاعل میں رکھا ہے حالانکہ الفاظ کی یکسانیت تقریباً سارے جدید شعراء کے یہاں یکساں ہے مگر جس طرح رئیسؔ نے غزل کے کلاسیکی لہجے سے اپنے شعر کا خمیر تیار کیا ہے وہ قابلِ ملاحظہ ہے ان کے یہاں طائر پرندہ۔ چاند بادبان۔ آسمان۔ شجر کھنڈر۔ داغ۔ رات۔ معانی کی ندرت سے مالامال ہیں چند نمونے یوں ہیں۔

بوڑھے برگد کی سلگتی شام نے مجھ سے کہا
اب ہر اک طائر مری شاخوں سے اڑ جانے کو ہے

پلٹ رہے ہیں پرندے بھی دن تمام ہوا
نمودِ شام ہے اب تو سفر سے واپس آ

رئیس اکثر گھمایا چاک بھی مٹی بھی گوندھی

نہیں بن پاتی لیکن چاند سی صورت ابھی تک
دریا دریا ریت تھی جب خشک سالی میں رئیسؔ
پھر شکستہ ناؤ چھلنی بادباں کیسے ہوا
میں کہ ہوں شرمندہ نقش و نگارِ زندگی
آسمانِ رنگ ہوں خود میں مگر بکھرا ہوا
زرد موسم کا ہر اک راز عیاں ہے مجھ پر
اب تری سمت میں اے سبز شجر کیا دیکھوں
یہ الگ ہے بات سارے مٹ چکے ہیں رنگ و نقش
تو ابھی ویراں نہیں میرے کھنڈر زندہ ہوں میں
شکار کر کے پرندہ ہوا شکاری خوش
لہو کے داغ اٹھائے ہوئے چٹان اداس
خراش چہرۂ شب یک بیک ہوئی روشن
کہ تیرگی میں نہاں ماہِ نو کی قاش ملی

رئیس کے یہاں پرندہ یا طائر ایک استعاراتی فضا خلق کرتا ہے جیسا کہ شروع کے دو شعروں سے واضح ہے بوڑھا برگد سلگتی شام اور پھر بوڑھے شجر کا سرمایہ محض ایک طائر جو اُڑ جانے کے لیے پر تول رہا ہے زندگی کی غیر فانیت اور عدم جاودانیت کے غمّاز ہیں۔ سلگتی شام دشتِ عمر کا وہ کنارۂ آخر ہے جہاں پر ہم سفر ساتھ چھوڑتا ہے پرندہ در اصل روحانی ارتقاع کی علامت ہے پھر سلگتی شام ہمہ گیر و شدید فضا میں اس کا اڑنے کے لیے پر پھڑ پھڑانا ایک کربِ مستقل کا سراغ دیتا ہے پرندہ جن جہات کا مسافر ہے وہ سب تاریک ہوتی جا رہی ہیں کیوں کہ شام کی راکھ سے ہی شبِ سیاہ طلوع ہو گی شاعر نے پوری طرح اس

کرب کو اپنی ذات سے وابستہ کر دیا ہے اس طرح بوڑھا برگد سلگتی شام اور طائر ایک مثلث بن جاتے ہیں ایک مشترک قدر سامنے آتی ہے اس مزاج کا دوسرا شعر بھی اسی صورت اور کرب کو ظاہر کرتا ہے اس میں بھی شام اور پرندہ دونوں موجود ہیں مگر تمام تر آوارگی کے بعد ایک مرکز پر سمٹ آنے کی کیفیت ظاہر ہے۔

بادبان بھی رئیس کی غزلوں میں بے حد اہمیت کا حامل ہے انہوں نے اس سے متعلقات کا ذکر کر کے زندگی کے کرب آویزش تصادم کو واضح کیا ہے یعنی چھلنی بادبانِ شکستہ ناؤ مگر ان دو شعروں میں بادبان نے ایک نیا پیکر اختیار کیا ہے اور اس کی جس قدر تعریف کی جائے کم ہے۔

طے سمندر کا سفر کر لوں گا ہاں ایسا نہ ہو
ساز شیں کر لے ہوا سے بادباں ایسا نہ ہو
ڈبوئیں مجھ کو کہ چھوڑیں بس اتنے رخنے پر
عجیب جنگ ہوا اور بادباں میں ہوئی

ہوا سے بادباں کا رشتہ بہت عجیب ہے اگر ہوا بادبانوں کو آغوش میں لے کر انہیں پیار کرتی ہے تو وہ بامُراد کہلاتی ہے اور کشتی کا ساحل سے ہمکنار ہونا یقینی ہو جاتا ہے لیکن جب دونوں میں ربط باہمی نہیں بن پاتا تو یہی ہوا بادِ مخالف بن کر بادبان پر حملہ آور ہوتی ہے اس کے پرخچے اڑا دیتی ہے یہاں تک کشتی غرق ہو جاتی ہے بادباں اور ہوا کا رشتہ چونکہ کشتی سے ہوتا ہے اس لیے ان اشعار میں سفر کی کیفیت ہے حالانکہ دونوں میں جنگ کی حالت اس نکتے کی وضاحت کرتی ہے کہ موت وزیست کے درمیان ایک کشمکش ہے ایک خطرناک آویزش جس میں شکست وفتح کے خدوخال واضح نہیں ہیں ان اشعار میں سمندر یا چپوؤں کا ذکر نہیں ہے لیکن ایسی فضا خلق کی گئی ہے کہ سب کچھ سامنے آجاتا

ہے ایک بے کراں آب زار ہوا اور بادبان کے درمیان ہونے والی جنگ میں ایک طرح کی کھڑکھڑاہٹ اور اس میں مستزاد چپوؤں کی آوازیں جو کشتی کو ساحل کی طرح لے جانے کی سعی رائیگاں کرتی ہوئی معلوم ہوتی ہیں۔

اس طرح ان اشعار میں چاند داغ کھنڈر شجر آسماں جیسے کثیر الافقی حیثیت کے لفظ آئے ہیں ایک پر اسراریت ایک کرب مسلسل در آیا ہے رئیس زندگی کی مسخ ہوتی ہوئی چہرگی سے مایوس نہیں ہیں کھنڈر میں اپنی موجودگی کی طرف اشارہ کر کے وہ کھنڈر کو یہ احساس دلاتے ہیں کہ وہ آباد تھے۔

رئیس کے یہاں شعری تلازمات انسلاکات استعارات اور تشبیہات کا ایک جہان بسیط ہے لیکن یہ سب کچھ اس عہد میں دوسروں کے یہاں مل سکتا ہے اس لیے یہ ان کا امتیازی وصف نہیں ٹھہرتا ان کے شعری و فکری نظام کی امتیازی وصف پوری طرف لفظوں سے بھی شناخت نہیں کیا جا سکتا لیکن الفاظ کے بے نہایت سمندروں کے قلوب میں پوشیدہ ان معانی کے گوہروں سے ان کی پہچان ہوتی ہے جن کے تموّج آب و رنگ سے ان کا تمام ایوان فکر و خیال منور ہے ایک شعر کہ جس میں گوہر وجود پذیر نہیں لیکن نا آفریدگی کے موسم اس ساعت آفریدہ کا ذکر کس خوبصورت انداز میں ہوا ہے۔

ابر نیساں نہ برس یہ تیری مرضی لیکن
کتنا پیاسا ہے لب جو یہ صدف دیکھ تو لے

رئیس آس شعر میں غالب کی طرح کوئی اطلاع فراہم نہیں کرتے کہ ہر موج کے دام میں سینکڑوں نہنگوں نے اپنے مسکن بنا لیے ہیں یا پھر ہر طرف حصار قائم کر رکھے ہیں اور اب دیکھنا ہے کہ قطرہ بن بھی سکے گا یا نہیں گویا قطرہ کو گہر بننے کے عمل سے گزرنا ہے ساتھ ہی اندیشہ ہے کہ نہنگ قطرہ کو نگل لیں پانی کو آلودہ کثافت کر دیں قطرے کی راہ میں

ہزاروں دیواریں رکاوٹیں اور مزاحمتیں پیدا کر دیں رئیس نے صدف کی پیاس کو ابر نیساں پر اُجاگر کرنے کی کوشش کی ہے جس میں ایک طرح کی روحانیت بھی ہے کیوں کہ اگر ابر نیساں ایک بار بھی پیاسی صدف کی طرف دیکھ لیتا ہے تو اس کے بطن میں پلنے والا قطرۂ آب رہائی کے لیے مچل اٹھے گا حالانکہ رہائی نہیں بلکہ ایک زنداں سے دوسرے میں قید ہونے کے عمل سے عبارت ہے یہ الگ بات ہے کہ صدف کی قید میں قطرے کو گہر بننے تک کیا کیا ہفت خواں طے کرنا ہوں گے یہ ہفت خواں دراصل وہ سات کمرے ہوں گے جن میں ہیبت ناک بلائیں اسے نگلنے کے لیے تیار منہ کھولے بیٹھی ہوں گی تخلیق کی تکمیل کا مرحلہ یہی ہے بس یہ کہ قطرہ کمال ہوشیاری سے گزرے اس طرح کہ بلائیں انگشت بدنداں رہ جائیں گے حالانکہ یہ سب کچھ اس شعر میں کہا نہیں گیا مگر معانی کثرت تمام مناظر واضح کر رہی ہے۔

رئیس کے یہاں شگفتگی بھی ہے اور مصائب کی چلچلاتی دھوپ بھی مگر اس سے کہیں زیادہ حوصلوں کی بلندی پختگی اور صلابت ہے وہ اس اقدار کش دور میں محرومی اور مایوسی میں مبتلا نہیں ہیں بلکہ آدم نو کے منتظر ہیں۔

شرارِ سنگ میں ڈھونڈو رموزِ کوہ کنی
ہر ایک ذرّہ پہ ہے تیشہ کی صدا مطلوب
کاش مفہوم گزیدہ کوئی پتھر ہی ملے
سنگ زاروں میں بھٹکتی ہے نگاہِ الفاظ

رئیس اس بات کو اچھی طرح سمجھتے ہیں کہ خلائے بسیط کی مصروف ترین رقّاصہ کیا چاہتی ہے اور یہ اس لیے کہ ان کا سب سے گہرا مستحکم مربوط اور اٹوٹ رشتہ تو زمین سے ہی ہے۔ رئیس کے یہاں واحد متکلم کی ضمیر کا خوب استعمال ہوا ہے اس میں ان کے

ارادے کو کچھ زیادہ دخل نہیں ہے کیوں کہ یہ ایک طرح کا فکری عقیدہ ہے کہ وہ اپنے وجود میں پوری کائنات کو سانس لیتے ہوئے محسوس کرتے ہیں وہ تمام انسانی نسل کو ایک اکائی کی شکل میں دیکھتے ہیں اور پھر جو شعر ان کے چاک فکر پر ان کے نظریات کا لمس پا کر متشکل ہوتا ہے وہ کچھ اس طرح ہے۔

ورق ورق تجھے تحریر کرتا رہتا ہوں
میں زندگی تری تشہیر کرتا رہتا ہوں
بہت عزیز ہے مجھ کو مسافتوں کی تھکن
سفر کو پاؤں کی زنجیر کرتا رہتا ہوں

ایک ہی غزل کے یہ دونوں شعر انسان کی عظمت کو تو بیان کرتے ہیں اس کے مختلف النوع واعمال کو ظاہر کرتے ہیں کہ کس طرح وہ سرابوں سے خنک پانیوں کے چشمے نکالتا ہے کس طرح زندگی کی تشہیر کر کے اس کے اوصاف محاسن و معائب کو سامنے لاتا ہے حالانکہ وہ جانتا ہے کہ۔

دریں حدیقہ بہار و خزاں ہم آغوش است
زمانہ جام بدست و جنازہ بر دوش است

میں محسوس کرتا ہوں کہ آسماں حیران ہے" ایک شعری نگار خانہ ہے جس میں نا آفریدہ اور آفریدہ تصاویر کا ایک ہجوم ہے اور یہ رئیس کی فکر ضو فشاں کا اعجاز ہے کہ انہوں نے وہ تصویریں کم دکھائی ہیں جو ماضی کی گرد میں دفن ہیں یا دفن ہونے کی تیاری کر رہی ہیں بلکہ ان تصویروں کے خال و خد زیادہ ابھارے ہیں جو ابھی کارگاہِ وقت میں تکمیلیت کے مراحل سے گزر رہی ہیں چند تصویریں یوں ہیں۔

طلوع مہر کا منظر بھی تیری صنّاعی

غروبِ شام بھی رنگ شفق بھی تیرا ہے

کہاں رہتے ہیں آخر چاند سورج

نہیں ہوتے ہیں روشن بام میرے

زرد رُت شاخ شاخ سوئی ہوئی

پھول گلدان میں گلابی سب

نظر میں غالباً اس کے ہے زرد رت رقصاں

ہے سبز شاخ پہ بیٹھا ہوا پرندہ چپ

رئیس کے یہاں روحانیت بھی ہے مگر وقت کی آتش جوالہ میں تپ کر سونا بنی ہوئی ہے یہی سبب ہے کہ ان کے یہاں گوشت پوست کے پیکر بہت کم ہیں بلکہ اس آگ کو فروزاں رکھتے ہوئے انہوں نے رومیؔ کے اس شعر پر زیادہ عمل کیا ہے۔

آدمی وید است باقی پوست است

وید آں باشد کہ شاعت

گیرد دست است

بقول پروفیسر عنوان چشتیؔ رئیس الدین رئیسؔ غزل کی جمالیات کے اداشناس شاعر ہیں وہ زندگی کی خارزار زمین پر سرگرم سفر ہیں ان کے بدن پر آتشیں کرنوں کے نیزوں کی یلغار ان کی روح پر درد کے خنجروں کی یورش ہے۔

میرا خیال ہے کہ یہ تجزیہ مناسب ہے وہ خوابوں کی دنیا میں نہیں بلکہ حقیقتوں کے ریگ زاروں کے مسافر ہیں ان کے یہاں درد کی لے بہت لطیف ہے اس قدر لطیف کہ دل ودماغ کو ایک خاص شادابی کا احساس ہوتا ہے۔

کون آئے گا یہاں اپنی بصارت کھونے

میں کہ تاریک جزیرہ ہوں سحر دے مجھ کو
سلگتی راہ میں سورج تھا ہم سفر میرا
اماں نہ دے سکے اشجار سایہ دار مجھے
وہ جس شجر کا خود اپنے ہاتھوں زمیں میں بویا تھا بیج میں نے
ہوا ہے چھوٹا اسی کے آگے یہ آج قدِ دراز میرا

ان سطور میں ہر چند کہ میں نے رئیس کی غزلوں کے کچھ اشعار کو سمجھنے کی کوشش کی ہے ان میں پوشیدہ مناظر کو دکھانے کی سعی کی ہے مگر ان کی فکرِ سخن کا جس طرح احاطہ ہونا چاہیے نہیں ہو سکا یہ ایک بڑی شاعری ہے ایک ایسے سمندر کی طرح جس میں سفر کرنے والے کسی بھی ساحل پر نہیں پہونچ پاتے نہ وہاں جہاں کے لیے سفر شروع کرتے ہیں اور نہ وہاں لوٹ پاتے ہیں جہاں سے وہ سفر کا آغاز کرتے ہیں۔

یہ شعری مجموعہ رئیس الدین رئیسؔ کے شعری سفر میں ایک روشن سنگ میل ضرور ہے لیکن یہاں سے آگے سفر کی تحریک مل رہی ہے چنانچہ سفر جاری ہے اور رہے گا کیوں کہ نا آفریدہ مناظر آفریدگی کے آئینوں میں اترتے رہیں گے سمٹتے رہیں گے اگر ایک عکس ماضی کی گرد میں دفن ہو جائے گا تو دوسرا آئینے کی بساط پر لہلہائے گا لیکن تمام عکس ایک آتشِ سیال کی طرح لفظوں کی شریانوں میں ایک غیر فانی شوخی کے ساتھ بہتے رہیں گے!

ابراہیم اشک (ممبئی)

کچھ دن ہوئے بمبئی کے ایک ادبی جلسے میں ہندوستان کے مشہور و معروف نقاد شمس الرحمن فاروقی نے اپنے ایک مضمون میں یہ بات واضح طور پر کہی تھی کہ آزادی کے بعد اُردو شاعری میں دو نسلیں جنم لے کر گزر چکی ہیں ایک وہ نسل تھی جس نے ترقی پسند تحریک سے انحراف کرتے ہوئے اپنے وجود کو منوانے کی جدوجہد بیرونی ملکوں کے ادب سے متاثر ہو کر کی دوسری نسل اس کے بعد جو آئی اس سے روایت کی بنیادوں پر اپنا محل کھڑا کرنے کی غرض سے میرؔ و غالبؔ کی زمین پر جدید لب و لہجے کو خاص طور پر لفظیات کی بے ڈھنگی دیواریں کھڑی کر کے غزل کی ایک ماڈرن عمارت تعمیر کرنے کی کوشش کی اس کے بعد تیسری نسل اب تک پیدا نہیں ہوئی۔ جہاں تک میرا خیال ہے آزادی کے بعد آنے والی ان دو نسلوں کی جدوجہد کے درمیان ہی ۱۹۷۰ء اور ۱۹۸۰ء کے عرصہ میں ایک اور تیسری نسل نے جنم لیا ہے اور وہ غیر محسوس طریقہ سے اپنا سفر طے کر رہی ہے اس نسل کی آواز اس لیے بھی صدا بہ صحرا ہو کر رہ گئی کہ اسے نہ تو روایت کے پاسداروں کی حوصلہ افزائی ملی نہ ہی جدت کے پجاریوں کا ست سنگ اور اس طرح روایت اور جدت کے دو پاٹوں کے بیچ یہ تیسری نسل گذشتہ بیس برس سے پستی چلی آرہی ہے پھر بھی یہ کم نہیں کہ زندگی کرنے کے ایک نئے ہنر کے ساتھ اب تک زندہ ہے ہمارے تمام نقاد پہلی اور دوسری نسلوں کے شعراء حضرات کی قدر افزائی اور نوازش میں مصروف ہیں جو اب حوصلہ ہار چکے ہیں اور تھک ہار کر بیٹھ گئے ہیں تیسری نسل کے شاعروں کی بدقسمتی یہ ہے کہ نہ تو انہیں اب تک اپنے موتیوں کی پرکھ کرنے والا پارکھ ملا ہے نہ ہی ان ترشے ہوئے ہیروں کی قدر کرنے والا جوہری۔ رئیس الدین رئیسؔ کا تعلق بھی اس بے یار و مددگار تیسری نسل سے ہے جو زندگی کے احساس زمانے کی ناقدری اور سماج کی ستم رانیوں کو جھیلتے ہوئے اپنا سفر ایک نئے اور انوکھے انداز سے طے کر رہی ہے اس نسل میں حوصلہ

بھی ہے اور دھیرج بھی حد سے گزر جانے کا سلیقہ بھی اور زخم سہہ جانے کی طاقت بھی اس نسل نے جدید و قدیم کے فاصلے کو ایک ایسے پل صراط سے طے کیا ہے جسے پار کرنے کے بعد اس راستے کا آغاز ہو جاتا ہے جہاں لمحے صدیاں بن جاتے ہیں اور صدیاں لمحوں میں ڈھل جاتی ہیں علم و ہنر کی کئی سمتوں کا سفر جہاں سے شروع ہوتا ہے اور عظمتوں کے چراغ روشن کرتا ہوا امکاں سے لامکاں کی خبر لیتا ہے فن کار کے یہاں فن کی یہ پختگی بڑی ریاضت محنت اور مطالعہ کے بعد پیدا ہوتی ہے اور مجھے یہ کہنے دیجئے کہ تیسری نسل کا یہ شاعر بڑی سوجھ بوجھ دکھاتے ہوئے اس میدان میں کھرا اترا ہے رئیس کے چند اشعار اس کا ثبوت ہیں۔

اے رئیس اک انتسابِ خاص کا فیضان ہے
لفظ سارے کھل اٹھے ایک اک ورق روشن ہوا

کیا وضاحت کیا معانی سب مرے محتاج تھے
جب قلم اٹھا ہر اک لفظ ادق روشن ہوا

سپر بناتا ہوں لفظوں کو شعر میں لیکن
قلم کو اپنے میں شمشیر کرتا رہتا ہوں

رئیس کا یہ انتساب خاص کسی اور نسل کے شاعر کے یہاں دیکھنے کو نہیں ملے گا جہاں وضاحت اور معانی خود فنکار کے محتاج ہو جاتے ہیں الفاظ اشعار میں ڈھلتے ہیں تو سپر بن جاتے ہیں اور قلم شمشیر کا کام کرنے لگ جاتا ہے علم و ہنر کی یہ شمشیر جہالت اور ظلم و ستم کے تمام اندھیروں کو جال سے کاٹ کر پھینک دیتی ہے پھر ایک روشن خیال اور روشن دماغ انسان کی آزادی کا بگل بج اٹھتا ہے اور سارا سماج اپنے اندر اور باہر کی روشنیوں سے شرابور ہو اٹھتا ہے رئیس کا سماجی شعور بیدار ہے اور مسلسل سفر میں ہے نہ کوئی بیخودی نہ

لڑکھڑانا بڑی مستعدی کے ساتھ وہ اپنا ہر قدم آگے بڑھانے میں کامیاب و کامران ہے۔

کون ارجن حریف تھا میرا
وار بیکار تھے جوابی سب
ثبوتِ فتح رئیسؔ اور کیا ملے تجھ کو
پناہ مانگ رہا ہے تراعدو تجھ سے
میں جنوں رفتار سب راہوں کو سر کرتا ہوا
غازیِ گفتار کا چہرہ دھواں ہوتا ہوا

رئیسؔ کے اس طویل سفر میں صحرا بھی ہے اور صحرا کی دھوپ بھی دشت بھی ہے اور وحشت بھی اور انسان کی بے چارگی بھی اور ان سب سے لڑنے کے لیے رئیس کے پاس انا کی تلوار حوصلے اور بے نیازی کی کاٹ علم و ہنر کی روشنی اور نئ سمتوں اور منزلوں کی مسلسل جستجو یہ تمام خوبیاں ایک اچھے اور سنجیدہ فنکار کو معیار کی بلندی کردار کی عظمت اور صلاحیتوں کے عروج پر پہونچا دیتی ہیں جہاں پہنچ کر وہ آسانی سے اپنے فن کے دھارے کو چاہے جدھر موڑ سکتا ہے۔ رئیس کی شاعری اس مقام تک آپہنچی ہے آئندہ وہ اپنی طرز فکر واحساس کو کون سارخ دیں گے یہ تو آنے والا وقت ہی بتائے گا لیکن اتنا ضرور ہے کہ تیسری نسل کا یہ شاعر اپنی منفرد پہچان اور نرالی سج و دھج رکھتا ہے اور دور ہی سے اس کی آواز پہچانی جاسکتی ہے۔

مجھ سے کب ترکِ انا ممکن ہوا
میرے قبضے میں کہاں یہ جن ہوا
نیند میں جلتا رہا اک مرغزار

ایک دشتِ بیکراں سا دن ہوا

صبح کے تازہ شگوفے شام کے بجھتے چراغ

آج کا پختہ یقیں کل کا گماں ہوتا ہوا

صبر کی کوشش لبوں پر تشنگی لکھتی ہوئی

چار جانب ریت کا دریا رواں ہوتا ہوا

رئیس کے یہاں کہیں کہیں انتشار اور ٹوٹتے بکھرتے احساس کے رواں دھارے بھی بہتے نظر آتے ہیں لیکن وجود کا بکھراؤ زیادہ نہیں ہے اس میں اپنے آپ کو سمیٹنے کی طاقت بدرجہ اتم پائی جاتی ہے وہ تھوڑی دیر کے لیے مایوسی کے جال میں الجھنے کے بعد اپنے آپ کو حوصلہ اور جواں مردی سے آزاد کرانے میں کامیاب ہے چند اشعار اس کی مزید وضاحت کریں گے۔

شہر میں رقصاں ہوئی بیچارگی

درد کی دولت کا میں خازن ہوا

دیومالائی سوچ کے منظر

ذہن بیمار کی خرابی سب

خواب کے صحراؤں میں تعبیر کی بارش کی آس

رات کے ہمراہ دن بھی رائیگاں ہوتا ہوا

بنتے رہتا تھا رئیس آس کے تانے بانے

کچھ تو جینے کے لیے وجہ سکوں ہونا تھا

یہ آس کے تانے بانے بننا اور وجہ سکوں ڈھونڈنا ٹوٹنے بکھرنے کی فضا میں وجود کی سلامتی اور مسلسل سفر کی دلیل ہے۔

زبان و بیان کے لحاظ سے رئیس کے یہاں ذوق کے فن کی پر چھائیاں ہمیں اس وقت نمایاں طور پر دیکھنے کو ملتی ہیں جب وہ مشکل قوافی کو باندھ کر معنی پیدا کرتے ہیں کہیں کہیں میرؔ کے احساس اور غالبؔ کے فکری عمل سے بھی متاثر ہوتے نظر آتے ہیں لیکن ان سب کے باوجود اس بدلے ہوئے وقت اور ماحول میں جینے والی فضا کو اپنی شاعری میں انہوں نے بڑی خوبی کے ساتھ برتا ہے۔ جدت کی پگڈنڈیوں پر پاؤں رکھ کر وہ ہڑبڑائے نہیں ہیں اپنی صلاحیت اور فنکارانہ قدرت سے رئیس نے اپنی منفرد پہچان بنانے کی کوشش کی ہے اور یہ کوشش قابلِ تحسین و ستائش ہے اور میں کھلے دل سے اس کی داد دیتے ہوئے انہیں ان کے نقش اول پر دلی مبارک باد پیش کرتا ہوں اور دعا کرتا ہوں کہ جس طرح ادبی رسائل میں باقاعدہ اشاعت سے وہ جانے گئے ہیں اسی طرح ادب میں مانے بھی جائیں مجھے امید ہے کہ آزادی کے بعد جنمی اس تیسری نسل کے شاعر کا ہمارے نقاد بھی پر جوش خیر مقدم کرنے میں کسی مصلحت اور سیاست سے کام نہیں لیں گے آخر میں اپنا ایک شعر رئیس الدین رئیسؔ کی نذر کرتا ہوں۔

یہ حوصلہ یہ بلندی۔ یہ عظمت پرواز
کوئی یہ ناپ کے بتلائے میرا قد کیا ہے

ڈاکٹر منور احمد کنڈے ٹیلفورڈ (انگلینڈ)

جدیدیت سے انحراف کی شکل میں جو نسل افق ادب پر نمودار ہوئی تھی وہ اپنا نقش قدم چھوڑنے میں یقیناً کامیاب رہی اس نسل کے فنکاروں نے حتی الامکان شعر و ادب کا

مزاج بدل دیا ایک طرف افسانوی ادب کو زندگی کی قربت اور حرارت بخش دی تو دوسری طرف شعری ادب کو بھی حقیقت کی ٹھوس زمین پر کھڑا ہونے کی صلاحیت سے مالامال کرنے کی کوشش کی اس نسل میں کئی ایک شاعر ایسے ہوئے ہیں بلکہ ہیں جنھوں نے اپنی پہچان کو استحکام بخشا ہے رئیس الدین رئیس نئی نسل کے شاعروں میں ایک خاص طرح کی پہچان رکھتے ہیں۔ رئیس تخلیقی اعتبار سے ایک اسم بامسمّٰی شاعر ہیں ان کی شاعری میں بلا کا تنوع ہے اہم بات یہ ہے کہ رئیس نے شاعری کی ہے شعر کہا ہے زندگی کے تجربات و مشاہدات اور تلخ حقائق کو زبان دی ہے خام فکر و فلسفہ کا خیالی گھوڑا نہیں دوڑایا ہے یہی وجہ ہے کہ ان کی شاعری تمام انسانوں کی زندگی اور عمومی صورت حالات کا آئینہ بن گئی ہے۔ ان کے تجربات و مشاہدات زمین پر بسنے والے عام انسانوں کے تجربات و مشاہدات میں اُن کا دکھ اور ان کا کرب ایک زمانہ کا دکھ و کرب ہے ان کے یہاں گھٹی ہوئی داخلیت کا نہیں روشن خارجیت کا ادراک شاعری کا لہو بنتا ہے یہی وہ خوبی ہے جو ان کی شاعری کو ٹھوس زمین فراہم کرتی ہے اور تخلیقی امکانات کو زندگی کا بامعنی استعارہ بننے کی بشارت دیتی ہے رئیس الدین رئیس کی شاعری بظاہر بہت سادہ و سلیس ہے مگر بامعنی و پُرکار ہے ان کے یہاں زمانے کے بدلتے مزاج و تقاضے سے پیدا ہونے والی صورت حال کا عکس جابجا بکھرا ہوا ہے جسے جدیدیت کے حوالے سے بھی پڑھا جاسکتا ہے۔

چمکتے شہر نے آنکھوں کو خیرہ کر دیا اتنا
کہ مجھ سے شکل بھی اب اپنی پہچانی نہیں جاتی

کبھی یہاں بھی رہا تھا یقیں نہیں آتا
یہ شہر کیسا ہے میرا کہ دنگ ہوں میں تو

آج کی ملٹی نیشنل کمپنیوں کی برکت سے جہاں شہر شیطان کی آنت کی طرح پھیلتے جا رہے ہیں وہیں زندگی کا تصور ملیامیٹ ہوتا جارہا ہے شہری زندگی کی چمک دمک سے پیدا ہونے والی اجنبیت و بیگانگت کا کرب ہی وہ چیز ہے جو اس قسم کے اشعار کو بامعنی بناتا ہے یقیناً ملٹی نیشنل کمپنیوں کا بسایا ہوا شہر ایسی صارف تہذیب لے کر نمودار ہوا ہے جو تمام تر روایتی تقدیس کے تصوّر کو خاکستر کر چکا ہے۔

سرگوشی ہوتی رہتی ہے واضح کوئی لفظ نہیں
میرے اندر شاید کوئی بول رہا ہے صدیوں سے
حریف تیر و کماں لے کے آئے ہیں بیکار
خود اپنے آپ ہی سے محو جنگ ہوں میں تو

پہلے شعر پر غور کریں تو انسان کے اندر کی کشمکش کا اور اک اپنی ذات کا تجربہ بن جائے گا کہ آج انسان سچ مچ بھیڑ اور شور کے درمیان تنہا اور گونگا بہرا ہو گیا ہے اب اس کا خود اپنے اوپر بھی اعتبار نہیں رہ گیا ہے یہ بے اعتباری ہی کی برکت ہے کہ وہ اندرون کی پکاروں کو بھی معتبر لب و لہجہ نہیں دے پاتا اسے بس ایک گمان سا ہوتا ہے کہ شاید میرے اندر کوئی بول رہا ہے یہ صرف فرد ہی کی عدم شناخت کا نہیں پورے معاشرے اور بعض حالات میں پوری قومیت کی عدم شناخت کا معاملہ بن جاتا ہے دوسرا شعر پہلے والے شعر کی توثیق کرتا ہے گویا تشکیک اور عدم تحفظ کے احساس نے فرد کو اندرونی کشمکش میں گرفتار کر دیا ہے۔ آج انسان کا سب سے بڑا دشمن انسان ہے آج انسان مشینوں پر نہیں مشینیں انسان پر حکومت کر رہی ہیں کبھی کبھی تو ایسا محسوس ہوتا ہے کہ شاعری کی زبان میں اپنے عہد کے انسان کے تاثرات اور واردات کو زبان عطا کر رہے ہیں یقیناً ایک حساس فنکار فن کی زبان میں اپنے عہد کے انسانوں کی روحانی کرب ناکی اور سرشاری کو ہی

بیان کرتا ہے جو آنے والی نسل کے لیے ایک بامعنی تاریخ بن جاتی ہے فرد کی شکستگی کا نوحہ اور انسانی وجود کے بکھراؤ کا مرثیہ رئیس کی شاعری میں جا بجا بکھرا ہوا ہے۔ شعر ملاحظہ کریں۔

اپنی آواز سے تصویر بنا دوں تیری
میرے بکھرے ہوئے لفظوں کو سراپا دے دے

ظاہر ہے کہ آج تمام الفاظ اپنی تہذیبی معنویت سے مبرّا ہو چکے ہیں اور اپنے حقیقی مفاہیم سے کوسوں دور جا پڑے ہیں کیوں کہ صارف تہذیب نے ہر چیز کو بکاؤ مال بنا دیا ہے ایسی صورت حال میں شاعر اپنے لفظوں سے کوئی پیکر کیوں کر خلق کر سکتا ہے جب کہ سارے الفاظ اپنے تہذیبی انسلاکات سے کٹ چکے ہیں۔

رئیس کی شاعری کی پہچان یہ ہے کہ وہ حقیقت کے اظہار کے لیے ماضی کے واقعات سے بھی بھرپور قوت حاصل کرتی ہے اور تلمیحوں کو اپنا کر اپنا مدعا خوبی سے بیاں کر دیتی ہے۔

لکھا ہے آنکھ کی پتلی پہ انتظار اب بھی
زمانہ گزرا ہے بینائی کو ہلاک ہوئے

فی زمانہ سچ اور حق کو مٹانے کے لیے بڑی بڑی سازشیں ہوتی رہتی ہیں لیکن سچ کا بیج بنجر سے بنجر زمین میں بھی انکوریت ہو کر اپنا وجود منوا رہا ہے۔ رئیس کہتے ہیں:

ایک گواہی سچ کے حق میں مجھ کو بھی تو دینا ہے
میں بھی اپنے لب رکھوں گا جلتے ہوئے انگارے پر

جلتے ہوئے انگارے پر لب رکھنے کا جس میں حوصلہ نہیں وہ فنکار نہیں ہو سکتا فنکاری مصلحت کی چادر اوڑھ کر چھوئی موئی دوشیزہ کی طرح اپنی آبرو بچانے کی کوشش

نہیں کرتی وہ تو ظلم و جبر کی آنکھوں میں انی بن کر اترنے میں یقین رکھتی ہے مگر اپنی لطافت شیرینی اور اپنی شرافت سے دست بردار نہیں ہوتی ان باتوں کا کسی حد تک انہیں بھی احساس ہے یہی وجہ ہے کہ ان کی شاعری میں ایک طرح کا احتجاج پایا جاتا ہے جب رئیس ہجر و وصال کی بات کرتے ہیں تب بھی ان کے یہاں ایک تیکھے پن کا احساس جاگزیں ہو جاتا ہے۔

ہجر کی رت میں درد کے نغمے ساری رات برستے ہیں
خون میں ڈوبی انگلی رکھ دی کس نے پھر اک تارے پر

رئیس الدین رئیس کی شاعری کے اس اجمالی مطالعہ سے واضح ہو جاتا ہے کہ رئیسؔ ایک حقیقت آشنا شاعر ہیں وہ زندگی کی معنویت اور اپنے عہد کے تقاضوں کو سمجھنے والے ایک دیدہ ور فنکار ہیں یقیناً ان کی شاعری قارئین کا دامن دل تھامنے کا ہنر رکھتی ہے رئیس کی شاعری پر ان کا یہ شعر بہت حد تک صادق آتا ہے۔

بادباں فکر کے پتوار معانی کے ہیں
ڈوب سکتا نہیں لفظوں کا سفینہ میرا

یقیناً رئیسؔ کی شاعری اپنے عہد کے تناظر میں زندہ رہ جانے والی شاعری ہے !!

سید معراج جامیؔ (کراچی پاکستان)

کائنات اور اس کائنات کی تمام اشیا کے ظہور میں کچھ عناصر کی ترتیب شامل ہے۔ مگر عناصر کی تعداد کسی شے میں کچھ ہے۔ اور کسی شے میں کچھ۔ کائنات اور انسان کے

ظہور میں عناصر کی نہ صرف تعداد یکساں ہے بلکہ وہ عناصر بھی یکساں ہیں جن سے دونوں کی تشکیل ہوئی ہے یعنی آب۔ باد۔ خاک اور آگ۔ یہی چار عناصر ہر دور کی بقا کا راز ہیں۔ دیگر اشیا کا ذکر اس وقت بے محل ہے۔ لہٰذا میں صرف شعر کے حوالے سے بات کروں گا۔ شعر کے عناصر کی تعداد پانچ ہے۔ یعنی تخیل۔ محاکات۔ موسیقیت۔ جذبات۔ اور زبان۔ یہ شعر کے عناصر خمسہ ہیں۔ ضروری نہیں کہ کسی شاعر کے تمام کلام کی ہر غزل میں یہ پانچوں عناصر یکساں تناسب سے ہوں مگر ان میں سے کوئی ایک عنصر بھی اگر موزوں الفاظ کا جامہ پہن لے تو وہ شعر سننے یا پڑھنے والے کو اسی عالم میں لے جاتا ہے جہاں شاعر خود پہنچا ہوا ہوتا ہے۔ یعنی وہ بھی اسی نفسیاتی کیفیت سے سرشار ہو جائے گا۔ جس میں شاعر شعر کہتے ہیں وقت ڈوبا ہوتا ہے۔ اور ایسے ہی کسی موقعے پر قاری یا سامع بے اختیار پکار اٹھتا ہے کہ

میں نے یہ جانا کہ گویا یہ بھی میرے دل میں ہے۔

رئیس الدین رئیسؔ کا کلام پاک و ہند کے تمام معیاری ادبی رسائل میں شائع ہوتا رہتا ہے۔ میں ان کا کلام بڑی توجہ سے پڑھتا ہوں کیونکہ مجھے ان کے اشعار اس معیار پر پورا اترتے معلوم ہوتے ہیں جسے میں نے شعر کے عناصر خمسہ کے عنوان سے بیان کیا ہے۔ میرا یہ مختصر سا مضمون چوں کہ ایک رائے کی حیثیت رکھتا ہے۔ لہٰذا میں تفصیل سے ان کے اشعار پر بحث تو نہیں کر سکوں گا تاہم شعر کے عناصر خمسہ پر پورا اترنے والے اشعار ضرور آپ کو پڑھاؤں گا۔ آپ یقیناً میرے اس دعوے کی صداقت کو تسلیم کریں گے کہ رئیسؔ نے انسان کے دکھ سکھ کو بڑی شدت سے محسوس کیا ہے اور اس پر کمال یہ ہے کہ انہوں نے تمام انسانی کرب کو اپنی ذات کے حوالے سے بڑے احسن طریقے سے لوگوں تک پہنچایا ہے۔ ملاحظہ فرمایئے چند اشعار

اب تو ہوتی ہے یہاں تعظیم ملبوسات کی
ہو گئے اس دور میں نام و نسب دشمن مرے
ہر ایک شخص کے ہاتھوں کو کیسے کاٹو گے
لکھے گا کوئی تو قصہ انا فروشی کا

رئیس الدین رئیسؔ کی شاعری میں قنوطیت کا اثر غالب ہے۔ اور اس کی ایک خاص وجہ ہے وہ یہ کہ جب اللہ تعالیٰ کسی انسان کو دل درد مند عطا کرتا ہے تو وہ ہر چھوٹی بڑی نا انصافی پر دل برداشتہ ہو جاتا ہے۔ اس سے معاشرے کی ناہمواری۔ انسانی اقدار کی پامالی۔ ذات و کائنات کی خرابی اور صدق و صفا کی بے قدری نہیں دیکھی جاتی۔ لہٰذا وہ ہر عمل نا صالح پر سراپا احتجاج بن جاتا ہے۔ مگر احتجاج کے ساتھ ساتھ معاشرے کے بگاڑ پر اس کی ناامیدی کا پرتو کہیں زیادہ ابھر کر سامنے آتا ہے۔ مگر یہاں یہ نہ سمجھ لیا جائے کہ رئیس الدین رئیسؔ کے کلام میں صرف یاسیت ہی ہے بلکہ اس کے کلام میں موسیقیت بھی ہے۔ غنائیت بھی بلکہ اپنی ذات۔ اپنے عہد اور اپنے رب سے کمٹ منٹ بھی۔

ورق ورق تجھے تحریر کرتا رہتا ہوں
میں زندگی تری تشہیر کرتا رہتا ہوں
کیا وضاحت کیا معانی سب مرے محتاج ہیں
جب قلم اٹھا ہر اک لفظ ادق۔ روشن ہوا
دستِ ہنر ہی آخر اپنے کام آیا
سنگ جو پھینکا دریا میں تیر اک ہوا

رئیس الدین رئیسؔ کے کلام میں جدیدیت زیادہ ہے۔ مگر یہ جدیدیت نامانوس اور بے لگام نہیں ہے۔ عصر حاضر کے مسائل کو رئیس نے بیشتر جگہوں پر بڑے خوبصورت

انداز میں اشعار میں ڈھالا ہے۔ اور کئی پرانے مضامین کو نئی لفظیات کا جامہ دیا ہے۔ نیز لغت کے بیشتر ان الفاظ کو جو زیادہ تر نثر میں استعمال ہوتے ہیں۔ شعروں میں بڑی خوبصورتی سے استعمال کیا ہے۔

میری جان ومال کا طالب رئیسؔ
کیوں عدالت میں مرا ضامن ہوا

زمیں سے لے کے سر آسماں بناؤں میں
جو گوشوارہ سود وزیاں بناؤں میں

اب تو ہوتی ہے یہاں تعظیم ملبوسات کی
ہوگئے اس دور میں نام ونسب دشمن مرے

رئیس الدین رئیسؔ نے نئے قافیوں اور نئی ردیفوں کے شوق میں بھی بڑی جدوجہد کی ہے اور اس جدوجہد میں کہیں کامیاب اور کہیں بہت کامیاب ثابت ہوئے ہیں مگر کہیں وہ ناکام اور کہیں بہت زیادہ ناکام بھی ہوئے مگر رئیسؔ کی مشکل پسندی ہمہ وقت فکر کی بلندی کی جانب مائل بہ پرواز ہے۔

رئیس دورِ جدید کے ان خوش نصیب شعرا میں سے ہیں جن کے پاس دولت فکر بھی ہے اور وسعت ادراک بھی جن کا دل کشادہ اور آنکھیں کھلی ہوئی ہیں جو اپنے خول میں بند نہیں ہیں یہی وجہ ہے کہ رئیسؔ کا کلام پاک وہند کے رسائل میں تواتر کے ساتھ شائع ہوتا ہے۔ جدید لب و لہجہ رکھنے والے رئیسؔ کے کلام کی جدیدیت مانوس ہے۔ قابل مطالعہ ہے اور دائرہ ادب میں ہے۔ مجھے یقین ہے کہ رئیسؔ کا شعری مجموعہ انسانی ذہن و فکر کے بہت سے دریچوں کو وا کر دے گا۔

اپنے اس مختصر سے مضمون یا قدرے دراز رائے کے آخر میں رئیسؔ کے صرف پانچ

شعر اس حوالے سے کہ رئیس بھی ایک انسان ہے اور اس کے سینے میں بھی ایک دل ہے جب وہ اپنے پرائے کے جلے کٹے رویوں سے دل برداشتہ ہو جاتا ہے تو اس کے اظہار بیان میں تلخی تسخر کا آنا ایک فطری عمل ہے۔

رئیس خود کو گھٹاتے نہ ہم اگر تو کبھی
ہمارے شہر میں لوگوں کے قد نہیں ہوتے

بنتے رہنا تھا رئیس آس کے تانے بانے
کچھ تو جینے کے لیے وجہ سکوں ہونا تھا

مجھ سے کب ترک انا ممکن ہوا
میرے قبضے میں کہاں یہ جن ہوا

جمی ہے ذہنوں پہ کس درجہ گرد خوش فہمی
جسے بھی دیکھو وہ عالم پناہ لگتا ہے

میں سفیر امن ہو کر بھی ہوں کتنا بے اماں
راستے پر خار میرے روز و شب دشمن مرے

پروفیسر عنوان چشتی (مرحوم) (نئی دہلی)

رئیس الدین رئیس کی غزلوں کو پڑھ کر محسوس ہوتا ہے کہ شاعر مصائب کی چلچلاتی دھوپ میں زندگی کی خارزار زمین پر سرگرم سفر ہے اس کے بدن پر آتشیں کرنوں کے نیزوں کی یلغار ہے اس کی روح پر درد کے خنجروں کی یورش ہے اس سفر میں شاعر کو ہر

قدم پر حادثوں کی جو سوغات ملتی ہے ہر نظر پر بصیرتوں کا جو خون ہوتا ہے ہر نفس روح میں جو چبھن ہوتی ہے وہی اس کا زادِ سفر ہے اور حاصلِ سفر بھی۔ اس جاں گسل سفر میں شاعر اپنے حسرت ناک خوابوں اور نیم جاں ارمانوں کی مشعل فروزاں کر تا راستہ تلاش کرتا ہے تو اس کے ذہن و دل کی طرح اس کے الفاظ و معانی کا نگار خانہ بھی جگمگانے لگتا ہے ایک ایک تجربہ بولنے لگتا ہے ایک ایک داغ لو دینے لگتا ہے ایک ایک کیفیت جاگ اٹھتی ہے اور ایک ایک حادثے کا چہرہ نکھر جاتا ہے اور اس کی شاعری ایک طرف خارجی ماحول کی سفاکیوں کی ترجمانی بن جاتی ہے تو دوسری طرف زندگی کے مبہم اندرونی اور انسانی سائیکی کا اشاریہ بن جاتی ہے یہی وہ خوبیاں ہیں جو رئیس الدین رئیسؔ کی شاعری کے مزاج کی تشکیل کرتی ہیں۔

رئیس الدین رئیسؔ غزل کی جمالیات کے اداشناس ہیں غزل کی اکائیاں ان کے شعری تجربوں کے اظہار کے لیے خاص طور پر موزوں ہیں یہی وجہ ہے انہوں نے اپنے تخلیقی تجربوں کو فنی رکھ رکھاؤ۔ کلاسیکی نظم اور جمال آفرینی زبان کے ساتھ پیش کیا ہے ان کی آواز کا چہرہ روز بہ روز نکھر رہا ہے وہ دن دور نہیں بشرط ریاضت فن جب ان کا شمار ممتاز و منفرد شاعروں میں ہو گا ان کا یہ مجموعہ کلام "آسماں حیران ہے" بھی نئی غزل کے ذہین اور حساس قارئین کی تسکین کا وافر سامان رکھتا ہے۔

میری دعا ہے کہ یہ مجموعہ کلام قبولیت عام کی سند حاصل کرے۔

(مرحوم) غلام ربانی تاباںؔ (نئی دہلی)

رئیس الدین رئیسؔ کسی تعارف کے محتاج نہیں ان کا کلام ہندو پاک کے معیاری رسالوں میں شائع ہو کر ادبی حلقوں سے داد حاصل کر چکا ہے۔ ان کے کلام میں نئے یا پرانے لب و لہجے کی تلاش میں نہیں کروں گا۔ اچھی اور سچی شاعری لب و لہجے کی پابندی نہیں ہوتی۔ لب و لہجہ نیا ہو یا پرانا۔ اگر کسی میں تخلیقی صلاحیت اور شعر کہنے کا سلیقہ ہے اس کا شعر اپنی طرف متوجہ ضرور کر لیتا ہے۔ مجھے خوشی ہے کہ رئیس صاحب کے یہاں یہ سلیقہ پایا جاتا ہے۔ زبان و بیان کی خوبیوں کے ساتھ فکر و احساس کی گرمی نے ان کی شعری تخلیقات کو خاصے کی چیز بنا دیا ہے۔

پروفیسر شہریارؔ (علی گڑھ)

نئے شعرا میں ایسے لوگوں کی تعداد خاصی ہے جو اچھا شعر کہہ رہے ہیں۔ رئیس الدین رئیسؔ کی غزلیں میں نے رسائل میں پڑھی بھی ہیں اور شعری نشستوں میں سنی بھی ہیں ان کا شمار بھی اچھا شعر کہنے والے شعرا میں ہوتا ہے۔

ان کا مجموعہ کلام ان کی غزلوں کے انتخاب پر مشتمل ہے۔ غزل وہ صنف سخن ہے جو بیک وقت مشکل بھی ہے اور آسان بھی لیکن رئیس کے یہاں تجربات کے علامتی اور استعاراتی اظہار میں جو صداقت پختگی اور حسن نظر آتا ہے وہ ان کا امتیازی وصف ہے روایت کی پاسداری کے ساتھ ساتھ ان کی غزلوں میں عصری مسائل اور حقائق کا اظہار ملتا ہے۔

مجھے امید ہے اس شعری مجموعے کی مناسب قدر ہو گی۔

فضا ابن فیضی (مئو ناتھ بھنجن)

آسماں حیران ہے ہمدست ہوا۔ اس تحفہ دلکش کا شکریہ! اپنی اولین غزلیہ پیشکش پر میری مبارک باد قبول کیجئے۔ کتاب صوری و معنوی دونوں حیثیتوں سے پر کشش اور قابل توجہ ہے۔ "عروس جمیل ولباس حریر"

خدا کرے آپ کی یہ کتاب قبولِ عام حاصل کرے آپ کی کامیابی کامرانی سے مجھے بطور خاص مسرت ہوئی!

پروفیسر عتیق احمد صدیقی (علی گڑھ)

آسماں حیران ہے کا تحفہ ملا تو ایک خوشگوار حیرانی ہوئی "ایسی چنگاری بھی یارب اپنی خاکستر میں ہے" آپ کا کلام کبھی کبھار نظر سے گزرا تھا مگر اب اس مجموعے کی شکل میں اس کا جو بھرپور تاثر سامنے آیا ہے پہلے سے نہیں تھا مجموعہ پڑھا بار بار زبان پر ماشاء اللہ۔ سبحان اللہ آیا۔ کون ہو گا جو ان اشعار پر سر نہ دھنے

اڑائے پیرہن جاں کی دھجّیاں لیکن
نوشتِ دل نہ کرے فرد فرد تاریکی

زخمی ہیں مرے ہاتھ تو کیا سوچ رہے ہو
کیا تم نے کسی پھول کو چھو کر نہیں دیکھا

زخم تازہ کی چمک سینے میں کیوں پیدا ہوئی
نرم جھونکا تھا ہوا کا تیر کیسے ہو گیا

وغیرہ وغیرہ! خدا مبارک کرے آپ کی تخلیقی صلاحیتیں مزید چمکیں اور انہیں قبول عام حاصل ہو۔

(آنجہانی) ساحرؔ ہوشیار پوری (ہریانہ)

آپ کے کلام کی تازگی و شیرینی کا میں معترف ہوں۔ آپ کا شعری مجموعہ جلد منظر عام پر ارہا ہے۔ یہ خبر باعثِ مسرت ہے مجھے یقین ہے کہ ادبی حلقوں میں اس کی مناسب پذیرائی ہو گی۔

ڈاکٹر کرامتؔ علی کرامت (کٹک اُڑیسہ)

آپ خوب کہتے ہیں اس دور میں جب کہ جدید شعراء اپنے آپ کو دہرانے میں مصروف ہیں آپ ہٹ کر نئی بات پیش کرنے کی کوشش کرتے ہیں۔ آپ کے اسلوب میں تازگی و شگفتگی ہے۔ اس کے لیے آپ مبارک باد کے مستحق ہیں۔

کالی داس گپتا رضاؔ (ممبئی)

جناب رئیس الدین رئیسؔ سے میں ذاتی طور پر واقف نہیں ہوں۔ ابھی حال ہی میں ان کی درجن بھر غزلیں مطالعے میں آئیں تو طبیعت چونک سی گئی۔

اس کلام سے جو بات سامنے آئی وہ یہ ہے کہ رئیسؔ نہ روایتی ہیں۔ نہ ترقی پسند نہ جدیدیے۔ ان کا اسلوب خالص اپنا ہے اگرچہ اس کی تعمیر قافیے اور ردیف ہی کی پابندی پر اٹھتی ہے مثلاً اس شعر؂

صلا ملا ہے یہ مجھ کو مری خموشی کا
عذاب جھیل رہا ہوں مکاں بدوشی کا

میں زیر بحث مسئلہ دورِ حاضر کا ہے اور نظم و ضبط کلاسیکی ہے مگر اسلوب شاعر کا اپنا ہے۔ گویا یہ کہنا غلط نہ ہو گا کہ جدید افکار اور جدید تقاضے رئیس کے لیے اجنبی نہیں ہیں۔ اگر فن کی محافظت ان کے لیے ضروری نہ ہوتی تو وہ آگے چل کر ایک بے مہار جدیدیے بھی ہو سکتے تھے لیکن فنی احتیاط اور دیگر اوصاف نے رئیسؔ کی غزل کو باوقار بنا دیا ہے۔ جیسے؂

منکشف دریا کا جب باطن ہوا
ساحلوں پر آسماں ساکن ہوا

اور انتہائی خوش گوار بھی ہے جیسے؂

ورق ورق تجھے تحریر کرتا رہتا ہوں
میں زندگی تری تشہیر کرتا رہتا ہوں
ہزار عیب خود اپنے ہی نام میں لکھ کر
میں تیری رائے ہمہ گیر کرتا رہتا ہوں

دورِ حاضر کے شعرا کی طرح رئیس کے یہاں کہیں کہیں شکست خوردگی کا احساس

پایا جاتا ہے مگر یہ احساس ان پر غالب نہیں آتا بلکہ وہ ایک ٹھہراؤ کے ساتھ اس پر غور و خوض کر کے اور صبر کی تلقین کر کے آگے بڑھ جاتے ہیں۔ یہاں داخلی سے بھی زیادہ ان کا ترنم ریز خارجی آہنگ ان کے زیادہ کام آتا ہے جیسے

بنائے رکھنا سدا صبر کو سپر اپنی
شکست پائیں گے اک روز۔ جنگ جو تجھ سے

مختصراً یہ ہے کہ جو غزلیں میرے پیشِ نظر ہیں وہ سب عمدہ ہیں میری دلی دعا ہے کہ رئیس کا شاعری کی ترویج و ترقی میں زیادہ سے زیادہ حصہ ہو۔

بیکل اتساہی (بلرام پور)

ادھر دو دہائیوں سے جیسا کہ عام طور پر محسوس کیا جا رہا ہے۔ ہماری جدید شاعری جسے اب عصری شاعری کہنا زیادہ مناسب لگتا ہے اپنے دائرہ سفر کی ایک بڑی قوس پوری کر کے متوازن ہو چلی ہے۔ اب یہ معاشرتی و انفرادی دونوں سطحوں پر زندگی کے ساتھ ایک غیر مشروط رابطہ اور داخلی و خارجی دونوں سمتوں میں اپنی ترسیل و تفہیم چاہتی ہے۔ مسافت کے اس مرحلے میں یہ امر فطری بھی ہے اور ناگزیر بھی کہ ہم اپنے تمام ورثہ فن کی طرف از سر نو توجہ مبذول کریں۔

روایت اگر اسے محض کہنگی اور قدامت پرستی پر محمول نہ کر لیا جائے تو ایک زندہ اور جاری و ساری حقیقت جو عہد بہ عہد عمودی و افقی جہتوں میں بڑھتی اور پھیلتی رہتی ہے۔ اجتہادی۔ رد عمل یا انحراف خود اسی توسیع کی توانا شکلیں ہیں ہاں مگر بے بنیاد

العطاف یا انکار برائے انکار۔ بالکل منفی طریقہ کار ہے۔ جو کائنات زندگی اور آرٹ کے راستے میں رکاوٹیں پیدا کرنے کے مترادف ہے۔

رئیس الدین رئیس کی شاعری ان دونوں نظریات کے احترام و اہتمام کا خوبصورت نتیجہ ہے ان کے یہاں عمل شعوری طور پر کسی نہ کسی جمالیاتی ضابطے سے منسلک نظر آتا ہے۔ موضوع چاہے سماجی ہو یا ذاتی۔ لطیف و شگفتہ ہو یا سنگلاخ و کرخت جب تک وہ کسی جمالیاتی آہنگ کے تحت ان کے شعری اظہار کا حصہ نہیں بنتا تب تک شاید رئیس کو تخلیقی لمحوں کے کرب و نشاط کا تجربہ میسر نظر نہیں آتا۔

رئیس کو ہندو پاک کے تمام رسائل و جرائد میں پڑھا ہے مجھے رئیس پسند ہیں۔ سمجھ بوجھ کے شعر کہتے ہیں۔ صحرائے شب و روز کے معاشی دائرے میں چکر لگاتے رہنے کے باوجود جمالیاتی سراب کی طرف رواں دواں رہتے ہیں۔ مگر فکر و فن کے وسیع کینوس میں گل بوٹا۔ سلمی ستارے ٹانکنا بھی بڑی بات ہے۔ میری دعائیں ان کے ساتھ ہیں۔ اس شعری سرمائے کو اپنی گاڑھی کمائی سے مالا مال کرتے ہیں۔ ان کا شعری مجموعہ خواص و عوام میں مقبول ترین ہو۔

(آنجہانی) کرشن موہن (نئی دہلی)

رئیس الدین رئیس کا متین مگر دل نشیں کلام غزل کی روایت کی حیثیت رکھتا ہے۔ جس کی روشنی پھیل کر تشکیک کی گرد آلود راہ کو منور کر دیتی ہے کلاسیکی انداز سخن جو فکر کی لوچ اور احساس کی دمک سے مزین ہے ان کی فنی گرفت کا غماز ہے اس لیے ان کی غزلوں کے اکثر اشعار میں ایک ذہین فطین شاعر کا جنوں صاحب ادراک ہو کر اجاگر ہوتا

ہے۔

صنفِ غزل کی ابتدا قافیہ پیمائی سے ہوتی ہے اور انتہا قافیہ آرائی پر اس مجموعے کی اکثر غزلوں میں قافیہ آرائی کا کمال دامنِ دل کھینچتا ہے مثلاً

شہر میں رقصاں ہوئی بے چارگی
درد کی دولت کا میں خازن ہوا

شاعر نے سنگلاخ زمینوں میں بھی جان ڈال دی ہے بعض اشعار کی معنویت بھی جاذب نظر ہے۔ دورِ حاضر کی وحشت و دہشت اور محرومی و رائیگانی کی ترجمانی کربناک مگر دھیمے لہجے میں ان اشعار کا رنگ امتیاز ہے جو ذہن و دل میں عصری آگہی کی ترسیل و ابلاغ کا چراغ روشن کر دیتا ہے۔

اچھلے سر معصوموں کے بھی نیزوں پر
شہر کا موسم کیوں اتنا سفاک ہوا
دریا دریا ریت نچوڑا پلکوں سے
پیاس کا منظر ایسا عبرت ناک ہوا
خواب کے صحراؤں میں تعبیر کی بارش کی آس
رات کے ہمراہ دن بھی رائیگاں ہوتا ہوا

امید کہ اس مرقع سخن کو شرفِ قبولیت حاصل ہو گا۔

ڈاکٹر شباب للت ۔ شملہ، ہماچل پردیش

برصغیر ہند کی نئی نسل نے اُردو ادب کو چند معتبر اور بالغ فنکاروں کا ہدیہ پیش کیا

ہے۔ انہی میں ایک برگزیدہ اور نمایاں نام ہے رئیس الدین رئیسؔ۔ جن کا شعری مجموعہ قارئین کے زیر نگاہ ہے۔

رئیس کی غزل موجودہ مادی و مشینی یگ کے عدم تحفظ۔ بدلتی ہوئی سماجی اقدار۔ کردار و اخلاق کے زوال اور نفسا نفسی و خود غرضی کے زہر سے آلودہ ماحول کی پر اثر اور بھرپور عکاسی کرتی ہے۔ اس میں انسان کی مجبوری ولاچاری۔ نیکی و شرافت کی روایات کی پامالی و انہدام۔ سیاسی نظام کی چیرہ دستیوں اور فریب آرائیوں کے نوحے بھی ہیں اور نفرت و تعصّب کی آتش عالم سوز کے بڑھتے لپکتے شعلوں کی غارت گری کے اندیشوں کا شدید احساس وانتباہ بھی۔ نیز ماحول کو بدلنے کے دلیرانہ عزائم کا اظہار و تاکید بھی۔

رئیس الدین رئیسؔ نام سے تو رئیسؔ ہیں لیکن ان کے فکری رویے۔ قلندرانہ فطرت۔ سادگی۔ مستی۔ خلوص و دیانت۔ حق گوئی اور بے باکی کی غمازی کرتے ہیں۔ ان کا مفکرانہ انداز اور جذبے کا خلوص ان کے فن کی جہات اور مقاصد کا تعین کرتا ہے۔

دیدۂ بینا رکھنے والے کسی بھی شاعر کا ذہن اور قلم اپنے دور کی تلخ اور بے رحم حقیقتوں کو نظر انداز نہیں کر سکتا۔ رئیس بھی اپنے ملکی و ملی۔ سماجی و معاشی ماحول اور اس کے نمایاں مسائل سے متاثر ہیں اور کہتے ہیں۔

جمی ہے ذہنوں پہ کس درجہ گردِ خوش فہمی
جسے بھی دیکھو وہ عالم پناہ لگتا ہے

میں سفیر امن ہو کر بھی ہوں کتنا بے اماں
راستے پر خار میرے روز شب دشمن مرے

شہر میں رقصاں ہوئی بے چارگی
درد کی دولت کا میں خازن ہوا

اور درد کی دولت کا خازن ہونا ہی جیسے رئیس کے رئیسانہ نام کا جواز ہے۔

وہ محض دردِ ذات کا ہی خازن نہیں۔ بلکہ درد کائنات کو اپنے سینے میں سمونے کا ظرف رکھتا ہے اور اشعار کے وسیلے سے اس کے اظہار وانعکاس کا یارا بھی ہے اس کی غزل روحانی حیثیت کی دلدل پر نہیں بلکہ زندگی کی ترش و تلخ حقیقتوں کی سنگلاخ زمین پر استادہ ہے وہ اپنے قاری کے ذہن کو جنسی تعیش اور فرضی رومان کی رنگین و خواب ناک گلیوں میں گھمانے کے بجائے سنگین حقیقتوں اور زندگی کی بے رحم سچائیوں کے پر خار تپتے ہوئے راستوں سے آگاہ کرنے کے لیے اپنی غزل کو آلۂ کار بناتا ہے۔

لیکن درد کی دولت کا یہ خازن دل شکستہ اور یاس گزیدہ نہیں۔ اسے ایک خوشگوار انقلاب کی آمد کا کامل یقین ہے اور اپنے خلوص و عزم پر اعتماد اور پورا بھروسہ بھی جس کا وہ کھل کر اظہار کرتا ہے اور فریب کار عناصر کو یوں للکارتا ہے۔

ہر ایک شخص کے ہاتھوں کو کیسے کاٹو گے
لکھے گا کوئی تو قصہ انا فروشی کا

رئیس کا پیغام جو اس کی پاکیزہ مقصدیت اور عصری حسیت سے مملو غزلوں میں ملتا ہے۔ قارئین کی توجہ کا متمنی ہے اور مستحق بھی۔ مجھے یقین ہے رئیس کے اس خوبصورت اور وقیع شعری مجموعے کو اہل نظر اور شائقین ادب ہاتھوں ہاتھ لیں گے۔

زبیر رضوی (نئی دہلی)

رئیس الدین رئیس کی غزل کی جس ایک خوبی نے اپنی طرف متوجہ کیا ہے وہ ان کی

غزل کے لہجے میں پائی جانے والی رجائیت۔ انہوں نے کومل اور مدھم سروں کے بجائے تھوڑے گرجتے برستے سروں میں غزل کے اچھے شعر کہے ہیں۔

ان کی غزل شکیب جلالی کی غزل سے استفادہ کرتی ہوئی نظر آتی ہے اور یہ اچھی بات ہے کہ شکیب جلالی کی غزل زندگی کے افق پر طلوع ہونے والی ایک ایسی سرخی ہے جو اپنے قبیلے کے ہلکے اور گہرے رنگوں کے امتزاج سے ایک نئی سرخی کے روپ میں ابھرتی ہے غزل کے لمبے سفر میں کئی بار ٹھہر جانے کے مرحلے آئے لیکن یہ غزل کی رہ نوردی اور بادیہ پیمائی کا شوق ہے جو ایک موڑ یا راستے پر قیام کرنے کے لیے راضی نہیں ہونے دیتا۔ اگر غزل بطور ہیئت اپنے اس طویل سفر میں خیالی۔ جذبے۔ احساس اور فکر کے اظہار کے تقاضوں کو پورا نہ کرتی تو شاید یہ ہیئت بھی جزدان میں بند کر کے کسی طاق نسیاں کے حوالے کر دی جاتی۔ مگر غزل کی محبوبیت اور معشوقیت میں پہلا جیسا حسن نہ سہی لیکن یہ بڑی عمر کی ہونے کے بعد بھی نظر بازوں کو اچھی لگتی ہے۔

رئیس الدین رئیسؔ کے یہاں ردیفوں اور بحور کا خاصا تنوع ہے شاید اسی لیے بھی کہ وہ مشق سخن کو بوجھ تصور نہیں کرتے۔ اسی لیے ان کے لہجے میں ایک ایسا بہاؤ اور روانی ہے جو ان کی غزلوں کو پڑھتے ہوئے ایک مسرت بھرا تحیر بھی پیدا کرتی ہے۔

پروفیسر زاہدہ زیدیؔ (علی گڑھ)

آسماں حیران ہے کچھ عرصہ قبل ملا تھا میں نے بڑے شوق سے پڑھا اور مجموعی تاثر اچھا رہا آپ کے مجموعے میں صرف غزلیں شامل ہیں اور آپ نے اس فورم میں کافی عبور

حاصل کر لیا ہے آپ کے اشعار میں کافی خلوص اور موضوعات میں کافی تنوع ہے آپ نے جدید عناصر کو کافی کامیابی سے اپنی شاعری میں سمویا ہے آپ کے کلام میں عام طور پر اور بعض اشعار خاص طور پر پسند آئے۔

پروفیسر سید امین اشرف (علی گڑھ)

رئیس الدین رئیسؔ کی شاعری میں رومانوی۔ ماورائی اور مابعد الطبیعاتی احساسات کی تھرتھراہٹ صاف سنائی دیتی ہے۔ رئیس جدید حسیت کا نہایت باریک شعور رکھتے ہیں۔ اور عصری تقاضوں سے بھی آنکھیں چار کرتے ہیں۔ گو کہ کہیں کہیں شکست خوردگی اور حزن و یاس کی کیفیت نمایاں ہے مگر یہ عرفانِ غم کو مجروح نہیں ہونے دیتی زبان و بیان میں سادگی کے ساتھ بلا کی پرکاری ہے۔ لہجے کی متانت اور زبان کے در و بست میں تخلیقی شان پائی جاتی ہے۔ حیات و کائنات۔ انفس و آفاق اور زمانے کے نشیب و فراز کے ادراک نے ان کی شاعری کو فکری بالیدگی اور گہرائی عطا کی ہے۔ رئیس الدین رئیسؔ نہایت لطیف احساسات کے شاعر ہیں جن کے ارتعاشات و انعکاسات نے زیر نظر مجموعے کے حسن کو دوبالا کر دیا ہے۔ امید ہے کہ ادبی حلقوں میں اس کی شایانِ شان پذیرائی ہو گی اور یہ مجموعہ بہ نظر استحسان دیکھا جائے گا۔

ڈاکٹر شہپرؔ رسول (نئی دہلی)

رئیس الدین رئیس کا کلام ہندو پاک کے معیاری رسائل و جرائد میں ایک عرصے سے شائع ہو رہا ہے۔ کئی رسائل نے ان کی ایک سے زائد غزلیں اپنے مخصوص نوٹ کے ساتھ شائع کر کے شاعر کی انفرادیت کی طرف قارئین کی توجہ خصوصی طور پر مبذول کرائی ہے۔ وہ اپنے شعری تجربات کے لیے الفاظ کا انتخاب بہت احتیاط سے کرتے ہیں۔ اور زبان و بیان پر قدرت بھی رکھتے ہیں۔ یہی وجہ ہے کہ ان کے تجربے اور تجربے کے شعری اظہار میں تفاوتِ زبان و بیان نظر نہیں آتا جو آج کی شاعری کا وطیرہ بن گیا ہے۔ رئیس کا یہ پہلا شعری مجموعہ ہے جس میں صرف غزلیات کا انتخاب پیش کیا گیا ہے۔ غزل وہ صنفِ سخن ہے جس کے بیش تر اشعار شاعر کی شخصیت کے آئینہ دار ثابت ہوتے ہیں۔ اسی لیے غزل کو باطن کی نرم و سبز وادیوں سے ظاہر کر کے کھردرے ریگزار کے سفر کی داستان بھی کہا جاتا ہے۔ رئیس نے اس داستان میں عصری حسیت کی مختلف النوع جہتوں کا اظہار بڑی چابک دستی اور خوبصورتی کے ساتھ کیا ہے۔ وہ اپنے ہم عصروں کی طرح زندگی کے پیچیدہ کوائف اور سنگین مسائل سے بھی نبرد آزما ہیں۔ اور تاریخ کو بنتے بگڑتے بھی دیکھ رہے ہیں۔ مگر ان کی انفرادیت یہ ہے کہ وہ سطحِ ادراک پر مذکورہ بے رنگ پیچیدگیوں میں زندگی کی رمق بھی تلاش کرتے ہیں۔

رئیس کی شاعری عدم ابلاغ کا شکار نہیں ہوتی گو کہ ان کے اشعار میں استعارات و علامات نے خوب خوب جوہر دکھائے ہیں۔ لیکن خوش وضع استعارات اور منہ بولتی علامتوں نے ان کے اسلوب کو گہرائی و تہ داری عطا کی ہے اور نت نئے پیکروں نے ان کی غزل کے جمالیاتی آہنگ اور معنویت میں اضافہ کیا ہے۔ وہ جس انداز سے زندگی کرتے ہیں اور دوسرے لوگوں نیز مسائل سے جوجھتے ہوئے دیکھتے ہیں اس سے اپنی شاعری کا خام مواد حاصل کرتے ہیں تجربات و مشاہدات کے شعر میں ڈھلنے کا عمل ان کے یہاں

حسن سلیقے اور فن کاری سے ہوتا ہے۔ وہ ان کی شاعری کو ہم عصروں میں ممتاز کرتا ہے۔

رئیس کی شاعری امکانات سے پر ہے۔ ان کے مخصوص لب و لہجے اور انفرادی اسلوب کی پہچان کے ضمن میں بہت سے اشعار پیش کیے جا سکتے ہیں مجھے یقین ہے کہ مستقبل کا ایک خوبصورت۔ خوشگوار اور دراز قد شاعر ان میں چھپا ہوا ہے۔ جس کا بروقت اظہار جدید شاعری بالخصوص جدید غزل کے لیے نیک فال ثابت ہو گا۔

ڈاکٹر اسعد بدایونی (مرحوم) (علی گڑھ)

رئیس آلدین رئیس کا شعری منظر نامہ دشت امکاں میں حسرتوں کے چراغ جلانے اور کائنات میں اپنے وجود کے مفہوم کو سمجھنے اور دوسروں کو سمجھانے کی سعی و کوشش سے عبارت ہے اُن کے اشعار ان کے مندرجہ بالا رویے کی غمازی کے سلسلے میں بطور مثال پیش کئے جاسکتے ہیں۔

مانا قد اونچا ہے تیرا مجھ سے لیکن دوست
میں اپنی گردن پر سر کو اونچا رکھتا ہوں
دولت نہ سہی رزقِ انا تو ہے میرے پاس
دنیا کے خداؤں کو خدا میں نہیں کہتا
بدگماں ہو جاؤں خود سے ہی گماں ایسا نہ ہو
قد میرا اونچا ہو لیکن آسماں ایسا نہ ہو

شاعری کا بنیادی وظیفہ جذبات و احساسات کو اس طور بیان کرنا ہے کہ آپ بیتی جگ بیتی کا روپ دھار لے اور شاعر کی انتہائی ذاتی واردات بھی غیر ذاتی یاماورائے ذات

کے طور پر زندہ رہنے کی صلاحیت رکھتی ہو۔

رئیس نے اپنی ذاتی محرومیوں اور مسرتوں کو ایک لطیف پیرایۂ سخن میں ادا کیا ہے جس کی وجہ سے ان کے کلام میں وہ وصف پیدا ہو گیا ہے۔ جو ترسیل و ابلاغ سے عبارت ہے۔ رئیس نے علامتیں و استعاروں کی مدد سے عام اور جانی پہنچانی خواہشوں۔ ضرورتوں رابطوں اور رشتوں کو نئی شکل دینے کی کوشش کی ہے۔ میں صرف ایک شعر اس سلسلے میں پیش کرنا چاہتا ہوں۔

آسماں تکتی ہے بیٹھی ریت پر کشتی کہ اب
بارشیں ہوں گی تو پھر دریا خدا دے گا مجھے

اس شعر میں دریا کشتی وغیرہ کی رعنائیوں کا حسن اپنی جگہ (جو ایک بڑے طبقے کی پسندیدگی کا باعث ہو سکتا ہے) مگر اس کا استعاراتی حسن اسے اس مقام پر لا کھڑا کرتا ہے۔ جہاں عصری حسیت کے چراغ روشن ہیں۔ رئیس کا مجموعہ کلام بھی اس رویے اور نظریۂ شعر کی وضاحت کرتا ہے جسے میں نے ابتدا میں مختصراً بیان کیا ہے۔

پروفیسر عزیز اندوری (اندور)

رئیس الدین رئیس کی غزلوں میں ایک مصرعہ بھی ایسا نہیں نظر آتا جو "نئی غزل" کے نام پر اس صنف کو بے آبرو بنا دے۔ یا اس کے وقار کو مسخ کر دے۔ خدا کا شکر ہے کہ رئیس آس شوق جنوں کو اختیار کرنے میں محتاط رہے ہیں۔ اس لیے انہوں نے اپنے معتدل فکری آہنگ کے ذریعے اپنی غزل کو قدیم دائرہ فکر سے باہر لانے کے باوجود بے ڈھب اور بے ہنگم نہیں ہونے دیا۔ مجھے امید ہے کہ اس مجموعہ کلام کی خاطر خواہ پذیرائی ہو گی۔

محمد بدیع الزماں (پٹنہ)

رئیس الدین رئیسؔ صاحب اپنی آواز کی انفرادیت۔ لہجہ کی پختگی۔ طرز ادا کی سبک روی اور عصری حسیت کی کامیاب پیش کش کی وجہ سے جدید اُردو غزل گوئی میں اپنا ایک منفرد مقام رکھتے ہیں۔ رئیسؔ غزل کے شاعر ہیں۔ ان کی غزلوں میں سماج کو سمجھنے۔ اس کے تشدد کی بنیاد تک پہنچنے اور اس کے آشوب سے نکلنے کے رویے بہت نمایاں ہیں یہ حقیقت پسندانہ فکر ان کے یہاں تجربے سے آئی ہے ان کی غزلوں میں فنی جمالیاتی اور روایتی فضا چھائی ہوئی ہے۔

رئیسؔ کی شاعری جدید ضرور ہے۔ اور غم جاناں پر غم دوراں کا حصہ بھرپور طور پر غالب ہے۔ مگر پھر غزل کی روایت کے احترام کا ان کے کلام میں ایک خاص رنگ ہے۔ جس میں مواد ہو یا موضوع۔ زبان ہو یا انداز بیان ۔ ہر سطح پر روایت کے عناصر کی کارفرمائی ہے۔ گرچہ رئیس نے لہجہ جدید ہی اپنایا ہے مگر یہ ابہام و اہمال سے بری ہے روایت کی قدردانی کے ساتھ نئے لہجے کا ہونا اس بات پر دال ہے کہ رئیسؔ کشادہ ذہن شاعر ہیں ایک اور خصوصیت اور ان کے کلام کی یہ ہے کہ انہوں نے انسانی مسائل اور کائنات اور انسان کے مابین رشتوں کو سمجھنے اور سمجھانے کی بڑی موثر کوشش کی ہے۔

رئیسؔ کے یہاں ایسے اشعار کی کمی نہیں جنہیں خارجی حالات کا پرتو قرار دیا جاسکتا ہے اور جو موجودہ دور کی نمائندگی کرتے ہیں رئیس کے کلام میں محاکاتی شاعری کا بھی اچھا خاصہ سرمایہ ہے جس میں محاکات تخیل اور محاکات تصویری حصوں کا حسین امتزاج ملتا ہے۔ بعض اشعار میں احساسات و جذبات صرف مجسم صورت ہی میں اختیار نہیں کرتے

بلکہ اکثر تصویر متحرک نظر آتی ہے خصوصی طور پر الفاظ کا انتخاب اور ان کا زیر و بم اگر ایک طرف جذبات کی ترجمانی کرتے ہیں تو دوسری طرف اس پیکر کی معنوی و صوری خوبیوں کی بھی نمائندگی کرتے ہیں۔

رئیس کے کلام کے مطالعے سے جو مجموعی تاثر سامنے آتا ہے وہ یہ کہ انہوں نے جھوٹی روایات کے بجائے مثبت قدروں سے رشتہ جوڑا ہے اور جاندار روایتوں کی پاسداری کی ہے۔ شعری اور ادبی لب ولہجہ کے اعتبار سے رئیس ایک نمائندہ شاعر ہیں۔ رئیسؔ کی شاعری ایک ایسا آئینہ ہے جس میں ان کے احساسات کی نزاکتیں اور لطافتیں اور ان کے متخیلہ کا انداز ان کی فکر کی گہرائیوں اور وسعتوں میں یکجا ہو کر ایک کلیت کی صورت میں نظر آتی ہیں۔ میری دعا ہے کہ ان کا شعری مجموعہ ادب کے قدردانوں کے دلوں میں جگہ کر دے۔

ڈاکٹر مناظر عاشق ہرگانوی (بھاگلپور)

آسماں حیران ہے رئیس الدین رئیس کی غزلوں کا مجموعہ ہے رئیس کی غزل گوئی کی خصوصیت یہ ہے کہ انھوں نے پرانی قدروں کو پیش نظر رکھا ہے اور کلاسیکی ادب سے چاشنی۔ سوز و گداز اور لفظیات و موضوعات کا خزانہ لیا ہے ساتھ ہی نئے عہد کا عکس پیش کیا ہے انھوں نے روایت اور جدیدیت کے درمیان راستہ اپنایا ہے اور ان دونوں کا توازن واعتدال پیش کیا ہے۔

بے حسی ملتی مجھے شہر میں جینے کے لیے
یا مرا دستِ ہنر دستِ فسوں ہونا تھا

میں اپنے قتل کا الزام کس کے سر رکھتا
جب اپنے ہاتھ ہی میرے لہو میں تر نکلے
ضرورتوں سے مفر چاہتے تھے ہم لیکن
چہار سمت فصیل غمِ معاش ملی

رئیس نے غزل کے صنفی مزاج کی بنیادی قدروں کو پوری طرح ملحوظ رکھا ہے یعنی ان کی تخلیقی نظر قطعی داخلیت پسندانہ ہے اور رمز و ایمائیت کو بھی انھوں نے پیش کیا ہے۔

ہوا ہے گرم نہ کمرے کی کھڑکیاں کھولو
نہ جانے شہر میں ٹھہرے کہاں غبارِ ہوس
شرارِ سنگ میں ڈھونڈو رموز کوہ کنی
ہر ایک ذرہ پہ ہے تیشہ کی صدا مصلوب

رئیس کا فنی حسن یہ ہے کہ انھوں نے حسّی اور فکری رد عمل کو کھردرے انداز میں نہیں برتا بلکہ غیر شخصی رویہ اپنایا ہے اور اپنے عہد کی تشنہ لبی کو اُجاگر کیا ہے گویا انفرادی پیاس ان کی غزلوں میں اجتماعی پیاس نظر آتی ہے۔

بدلتی ہوئی زندگی اور جذبات و احساسات کے نئے مظاہر بھی ان کی غزلوں میں ملتے ہیں رئیس زندگی کی روشن و مثبت قدروں کی تلاش میں کوشاں نظر آتے ہیں یہ ان کی غزلوں کا نشان امتیاز بھی ہے اور انھوں نے حاضر کے کرب کو اپنے دامن میں سمویا ہے اور تجربات کو شعری سانچے میں ڈھالا ہے یہی وجہ ہے کہ ان کے یہاں زندگی سے گہرے رشتے کا پتا ملتا ہے ان کی غزلیہ شاعری میں غیر معمولی سادگی اور سہل پسندی بھی پائی جاتی ہے۔

ڈاکٹر ذکاء الدین شایاںؔ (پیلی بھیت)

رئیس الدین رئیسؔ کی شاعری اس نئی نسل کے ذہن کی پیداوار ہے جس نے تقسیم ہند کے المناک واقعات و حادثات کو روایتی انداز سے سن کر محسوس تو کیا ہے لیکن اپنے عہد میں خود ان کے حقیقی اثرات کو عملاً جھیلا اور اپنے ذاتی مشاہدات و تجربات کے ذریعہ غزل گوئی کے اسالیب میں اس کے فکری ابعاد کو پیش کرنے کی سعی کی "آسماں حیران ہے" ان کی غزلوں کا پہلا مجموعہ ہے آسمان اور اس کی حیرانی عنوان کے ان دو لفظوں میں مجھے رئیسؔ کے درپردہ وہ شعری رجحان محسوس ہوئی جو ساتویں دہائی کے بعد اُردو غزل شعراء کے اندر اپنے زمینی اور مادی تیز رفتاری سے پیدا شدہ کربناک ماحول کے علاوہ آسمانی یا نظر نہ آنے والے خدائی کرشموں کے مذہبی اعتقاد میں زیادہ واضح ہوتے ہیں یہی وجہ ہے کہ رئیس کے یہاں غزل میں حمدیہ زاوئے بھی دکھائی دیتے ہیں ہو سکتا ہے موجودہ ذاتی زندگی اور ان کی محرومیوں کا رد عمل ہو مجموعی حیثیت سے "آسماں حیران ہے" کی غزلوں کے گہرے مطالعے سے ثابت ہوتا ہے کہ رئیسؔ نے غزل کے کلاسیکی لہجے کو اگرچہ گرفت میں رکھا ہے اور الفاظ اور اسلوب دونوں میں پیوستگی قائم ہے لیکن بیشتر الفاظ ایسے بھی ہیں جن میں ہندی زبان اور قوافی نے کھردری اور بے جان فضا بھی پیدا کر دی ہے جو اُردو غزل کی لطافت پر گراں معلوم ہوتی ہے رئیس کی غزل کا بنیادی وصف ان کے مزاج کی وہ انانیت ہے جو جنگ محاربے۔ مردانگی۔ حریف کو شکست دینے کے عزم اپنی شاعری کے فخر اور تنقید پر حملوں سے عبارت ہے جس سے ان کی شاعری کی جمالیاتی سطح متاثر ہوئی ہے لیکن شاعری میں معنی آفرینی کو اپنی بساط کے مطابق رئیس نے برقرار

رکھا ہے اور غزلیہ رنگ کا نکھار بڑی حد تک تازہ محسوسات اور وقت کے لمحہ لمحہ منقلب ہوتے ہوئے منظر نامے کا احاطہ کئے ہوئے ہے۔

ماضی کی ٹوٹی پھوٹی اقدار "ناہموار معاشرہ" انصاف سے عاری عدالتیں۔ حق گوئی کی بے قدری زندگی کا مادہ پرست رویہ اور کھوکھلے سیاسی اور سماجی نعروں کا چلن اور مکر و فریب کی گرم بازاری یہی وہ واقعاتی فضا ہے جو رئیس کی شاعری کا مواد بنتی ہے اور شاید اس کے سبب رئیس اساطیری دھندلکوں۔ استعاراتی اشاروں اور جمالیاتی طرز و ادا سے بہت کچھ خائف ہو کر خبری اسلوب کو زیادہ اہمیت دیتے ہیں۔ ان کے یہاں طنز کی لپٹ بھی اس کی دین ہے اور غزل میں جارحانہ طریق کار بھی اس کا حصہ ہے جو رئیس کی غزل کو انوکھا تیور تو بخش دیتا ہے لیکن وہ نرمی اور گداختگی پر ایک بند بھی لگا دیتا ہے جو بہر طور تغزل کے لیے لازمی ہے قافیوں اور ردیفوں کے انوکھے پن کے ساتھ اکثر غزلوں میں یہ رنگ جھلکتا ہے۔

میں ہوں ایک شہزادہ حوصلوں کی بستی کا
دیکھنا کہ ڈالوں گا چاند پر کمند اک دن

آج اوراق نوردی ہے مقدر لیکن
کل مورخ مجھے ٹھہرائے گا شاہ الفاظ

جوش سبھی کا سرد ہوا
کون یہاں پر مرد ہوا

ہمارے سامنے ٹوٹی ہیں کتنی تعبیریں
مگر یہ زاویے آنکھوں سے بد نہیں ہوتے

رئیس آنکھیں بھی برساتی ہیں لہو میری

پڑا ہے ذائقہ مجھ کو بھی خون نوشی کا
مجھے تسلیم کب کرتا ہے کوئی

سبھی ابہام ہیں الہام میرے
وہ میری فکر میں بدلے کا زہر گھولتا ہے

مگر میں زہر کو اکسیر کرتا رہتا ہوں
نہ پوچھئے اک عذاب ہے یادِ عہد رفتہ

اُٹھائی ہیں زندگی میں کیا کیا اذیتیں اُف

رئیس کی فکر میں ناصحانہ واقعاتی اور زیادہ تر اپنی "میں" کی عکاسی اور ستجابی جذبے کی شمولیت نے ان کی غزل سے الفاظ کا مدھم اور شیریں پیرایہ چھین لیا ہے اور جہاں جہاں فارسی تراکیب اور مرکبات کا قدرتی حسن ان کی غزلیہ لہجے کو شگفتہ بنانے کی کوشش کرتا ہے وہیں رئیس کے ذہنی کرب کی شدت اور ہندی لفظیات اور شہر آشوبی محسوسات کی وجہ سے کان پر ضرب بھی پڑتی ہے۔ عدالت۔ مخالفت۔ دوست۔ ظالم وزیر۔ حقیقتوں کی چادر۔ راجہ رجوڑے۔ شہید انا۔ کوہ انا۔ راستے کے فقیر۔ شاہی تاج۔ حصار ہوس دھن کی دیوی کا بلی مانگنا۔ پہلا پوت اونچا قد۔ چتا۔ نراش۔ متر۔ سبز دیواروں کے درد ہونا۔ پتھر اچھالنا۔ شہر ادب کے ننگے لوگ۔ گھروں میں بھوکے بچے۔ نگر میں کرفیو نافذ دکان اُداس شراب روح۔ تن کا گلاس میں یہی کیفیات ہیں۔

رئیس کی غزل انہی مناظر کے گرد طواف کرتی ہے اس انداز فکر کی تہہ میں شاعر کے وہ ذاتی اور بڑی حد تک مشتعل جذبات منعکس ہوئے ہیں جو زندگی کے رزم نامے کو خوب نمایاں کر دیتے ہیں اور ہماری آنکھوں کے سامنے حریفانہ معرکے اور شکست خوردگی اور عزائم کے ساتھ انسانی خوف اور بیچارگی کی تصویر پیش کرنے میں پوری طرح

کامیاب ہیں۔

آسماں حیران ہے کا شاعر فنی نزاکت رمزیت اور ایمائیت کے قریب اور بالکل قریب پہنچنے کے بعد یکایک دور کیوں ہونے لگتا ہے ان کے کلام کے بغور مطالعہ کے باوجود ایک سوال رہ جاتا ہے جس کا جواب رئیس کی غزل میں نہیں ملتا۔

جوگندر پال (نئی دہلی)

آسماں حیران ہے میں نے پڑھ لی ہے۔ آپ کو پڑھتے ہوئے کئی مقامات آئے جہاں ذرا رک کر سوچنا بھلا لگا تھا آپ بس ایک رخ یار کو دیکھ پانے کے لیے جھکے نہیں جاتے بلکہ چہار سو مڑ مڑ کر دگر گوں زندگی محسوس کئے جاتے ہیں۔

رئیس اب جھوٹ کے پھل پک چکے ہیں
بس اک پتھر نشانہ تاک کر دے

کوئی ثبوت ملے تو رئیس کیسے ملے
گلی میں شور بپا تھا مگر محلہ چپ

مجھے تسلیم جرم پاکبازی لو میں اپنا سر جھکاتا ہوں
گنہگارو تم اپنے اپنے ہاتھوں میں اٹھائے سنگ آجاؤ

ہم تصور ہی کی شمعوں سے منور کرتے
لیکن اس وادیِ افلاس میں گھر تو ہوتا

میں حقیقت سے تصور میں تو جا پہنچوں مگر

اُف یہاں جیسا اندھیرا ہے وہاں ایسا نہ ہو
میں تلاش گم شدہ کا اشتہار
کاٹ کر رکھنا کسی اخبار سے
کس کا سر ہے کس کے شانوں پر پتا چلتا نہیں
آج ہر انسان ہے اس شہر میں سازش زدہ
دانا ہو کر خاک ہوا
اب مجھ کو نادانی دے

اور ایسے کئی فکر افروز اشعار تاہم شعور کی اس گھنی پرچھائیں میں کہیں کہیں ایسی ٹمٹماہٹ بھی دیکھنے کو ملتی ہے اور یہ بہت بھلی لگتی ہے۔

ادھر چراغ جلاتا ہوں وہ بجھاتے ہیں
ہوا کے ہاتھ بھی کتنے شریر ہو گئے ہیں

آپ اچھے شاعر ہیں اور اس سے بھی بڑھ کر یہ کہ ابھی جوں کے توں متجسس اور متلاشی ہیں۔

عمر بھر مجھ کو رہی ہر لمحہ خود اپنی تلاش
حد تو یہ ہے رات کو سوتے میں بھی چلنے لگا

خدا آپ کی حفاظت کرے

(آنجہانی) ہیر انند سوزؔ (ہریانہ)

آسماں حیران ہے کا مطالعہ کر لیا ہے آپ کا کلام مجھے بے حد پسند آیا آپ نے اپنی اختراعی کوششوں میں فنی التزام کے ساتھ شعر کہے ہیں اور ہمہ سمتی کو نظر میں رکھتے ہوئے حیات انسانی اور سر چشمۂ ارض کو تلاش کیا ہے۔

آپ کے کلام کی نسبت سے آسماں حیران ہے کتاب کا موزوں ترین نام ہے آپ نے اپنے فکر و نظر سے ان لمحوں کو پکڑنے کی کوشش کی ہے جب فطرت انسان کے سامنے اپنا سینہ بنات النعش گردوں کی طرح عریاں کر دیتی ہے اور اس کا ہر نظارہ ایک خوبصورت غزل کے شعروں میں ڈھلتا چلا جاتا ہے آپ کے بعض اشعار میں بے ساختہ اظہار آپ کے فنی گرفت کا پتا دیتا ہے یہ اشعار اس بات کے شاہد ہیں۔

کیا وضاحت کیا معانی سب مرے محتاج تھے
جب قلم اٹھا ہر اک لفظِ ادق روشن ہوا
غبارِ اشک مری چشم بے خطا سے نکل
مرے غنیم کریں گے یہاں وضو تجھ سے
مصوّروں کو ہے زعم مصوّری لیکن
میں اپنی زیست کو تصویر کرتا رہتا ہوں

بلراج کومل (نئی دہلی)

آپ کا مجموعہ کلام آسمان حیران ہے ملا۔ اس عنایت کے لیے ممنون ہوں آپ کا کلام رسائل میں میری نظر سے گزرتا رہا ہے اور میں اسے پڑھ کر خوش ہوتا ہوں اب

اسے کتابی صورت میں دیکھ کر اور پڑھ کر مزید خوشی ہوئی۔ آپ کا مخصوص لب ولہجہ ہے آپ انسانی صورت حال کی عصری نوعیتوں سے بھی شناسا ہیں اور بنیادی نوعیتوں کو بھی اپنے ذہن و دل میں جذب کئے ہوئے ہیں رد عمل کی ہمہ گیری نے آپ کے کلام کو دل آویزی اور وسعت عطا کی ہے۔ میری دلی مبارک باد قبول کیجئے۔ محبت کے ساتھ۔

ناصر بغدادی (کراچی پاکستان)

آپ کا مجموعہ کلام آسمان حیران ہے کا میں نے توجہ کے ساتھ مطالعہ کیا میں نے محسوس کیا کہ آپ کے اشعار فنی پختگی کی نشاندہی کرتے ہیں آپ کی غزلیں فکری توانائی کی مظہر ہیں ہر شاعر کا اپنا لب ولہجہ نہیں ہوتا مگر جدید شعراء کی بھیڑ میں آپ الگ تھلگ نظر آتے ہیں۔ اللہ کرے زور قلم اور زیادہ یقین ہے آپ کا اگلا مجموعہ کلام پہلے پر سبقت حاصل کرنے میں کامیاب ہو گا۔

عبد الاحد ساز (ممبئی)

گذشتہ کئی برسوں سے جو نام متواتر ادبی رسائل کی زینت بنے ہوئے ہیں اور جن میں مقتدر اور نسبتاً کم معروف دونوں طرح کے رسائل شامل ہیں ان میں رئیس آلدین رئیس کا نام اہم ہے۔ زیادہ کہنا یا کم کہنا اچھا کہنے یا اچھا نہ کہنے کی کوئی کسوٹی نہیں ہوتا توجہ بس اس پر دی جاسکتی ہے کہ کسی شاعر کے کلام میں اُس کا کچھ اپنا سا کتنا ہے۔ آسماں حیران

ہے کے بعد زمیں خاموش ہے رئیس کا دوسرا مجموعہ کلام ہے اور گذشتہ مجموعہ کی طرح اس تازہ تصنیف میں بھی بغور پڑھنے پر اُن کا کچھ اپنا سا ضرور نکل آتا ہے۔

رئیس نے ایک عام متوسط طبقے کے فرد کی طرح جو ہمہ وقت مسائل سے نبرد آزما اور جذباتی اور تعلقاتی نشیب و فراز سے پُر زندگی سوچتے سمجھتے ہوئے ذہن کے ساتھ گزاری ہے اس کا دیانتدارانہ اظہار ان کی غزلوں میں ملتا ہے مگر بات پھر یہ ہے کہ اظہار کا دیانتدارانہ ہونا ہی کافی ہے یا اس کا فنکارانہ ہونا شرط اول ہے لہٰذا رئیس وہیں زیادہ متوجہ کرتے ہیں جہاں ان کے جذبات کی صداقت اور خیال کی حقیقت تخلیقی و فنی اظہار کا قرینہ اختیار کر سکی ہے اس ضمن میں "زمیں خاموش ہے" کے خاصے اشعار پیش کئے جا سکتے ہیں مثلاً

لکھا ہے آنکھ کی پتلی پہ انتظار اب بھی
زمانہ گزرا ہے بینائی کو ہلاک ہوئے
شاخِ یقیں سے وقت کا طائر کیا جانے کب اڑ جائے
بیٹھا وہم کے سائے میں پر تول رہا ہے صدیوں سے
بسی ہوئی ہے دلوں میں ماضی کی چاہ اب بھی
کھنڈر حویلی کو چومتی ہے نگاہ اب بھی
ہمارے پیروں سے لپٹی ہیں ہجرتیں لیکن
بھرے جہاں میں ہمارا مکاں کہیں بھی نہیں
کوئی صلاح نہ مانی دماغ ہوتے ہوئے
ہوا میں گھوم رہا ہوں چراغ ہوتے ہوئے
ابھی کیا ہے ابھی تو آئے ہو دشتِ تمنا میں

خودی کی دھوپ میں جل کر شجر کاری بھی آئیگی

معاصر شعراء کے یہاں ایک دوسرے کے یا اپنے فوری پیش رو شعراء کے اثرات و شباہت کا پایا جانا ایک عام سی بات ہے جو ہر دور میں کم و بیش رہی ہے اس کی وجہ ہم عصر شعری اظہار اور مشترک شعری کردار کی مطابقت ہونا بہ بظاہر ایسی کوئی معیوب بات بھی نہیں ہے ہاں مگر یہ شباہتیں کہیں زیادہ بین نظر آنے لگتی ہیں تو محل نظر بھی ہوتی ہیں نمونے کے طور پر چند اشعار ملاحظہ ہوں جن میں عرفان صدیقی اسعد بدایونی اور ان کے ہم قبیل دو اک پاکستانی شعراء کی شباہتیں واضح نظر آتی ہیں۔

بدن تو حلقہ آشفتگاں میں رہتے ہیں
ہمارے ذہن مگر کہکشاں میں رہتے ہیں
ہم راہ گماں سے نکلے تو منزل کا یقیں بھی چھوٹ گیا
اسے وادی گل سے مت کہنا یہ قصہ دشت ملال کا ہے
لکھا تو کچھ بھی نہ تھا ہجر کے قلم نے ابھی
مگر یہ رقعہ جاں فرد فرد ہونے لگا
تھپک رہی ہیں انہیں وصل کی رُتیں لیکن
صدائے ہجر میں خانہ خراب جاگتے ہیں

کتاب کے آخری حصہ میں جسے تجربات کا عنوان دیا گیا ہے مختلف اصناف نظم کے نمونے شامل ہیں رباعیات۔ قطعات۔ گیت۔ آزاد غزل غزل نما۔ پابند و آزاد نظمیں ان میں نظموں کو چھوڑ کر دیگر چیزیں محض یہ باور کراتی ہیں کہ شاعرِ کو ان اصناف اور ہیئتوں میں طبع آزمائی کی بھی بہر حال اچھی خاصی مشق ہے البتہ ان میں نظموں میں کلوننگ۔ روح کو امان دو شب گریہ زعم خود پسندی بے نام سورج متوجہ کن نظمیں ہیں مختصر نظم

زعم خود پسندی ملاحظہ ہو۔

یہ خود پسندی
تو خود نوازی کا زعم ہے
جس نے شہر فن کو
تباہ و برباد کر دیا ہے
یقیں کرو
تم مزاج دانِ ادب نہیں ہو
نہیں ہے منزل تمہاری کوئی
بھٹکتے رہنا تمہاری قسمت ہے
خود پسندو!

رئیس الدین رئیسؔ کی شاعری پر ظہیر غازی پوری کا مبسوط مقدمہ اس مجموعہ سے حظ اندوز ہونے میں معاون ہوتا ہے۔ یوں بھی کہ ظہیر صاحب نے اپنے مضمون کے قالب میں رئیسؔ کی شاعری پر مشاہیر و معاصرین کے تاثرات کے اقتباسات کو بھی سمیٹ لیا ہے۔ بحیثیت کلی زمیں خاموش ہے اپنے قاری کو ایک حد تک آسودہ اور شاعر سے اس سے زیادہ کی توقع رکھنے پر آمادہ کرتی ہے۔

عبد الاحد سازؔ (ممبئی)

رئیس الدین رئیسؔ کا کلام رسائل میں جستہ جستہ پڑھتے ہوئے اور حظ اندوز ہوتے ہوئے ذہن میں یہ تاثر قائم ہوا تھا کہ ان کی شاعری ایک شعاع نور کی طرح ایک خط مستقیم پر خوبی کے ساتھ گامزن ہے۔ آسماں حیران ہے کہ صورت میں ان کی غزل کو تازہ و غیر مطبوعہ غزلوں کے ساتھ یکجا پڑھ کر اب یہ محسوس ہو رہا ہے کہ یہ شعاعِ نور خود شناسی و عصر آشنائی کے آئینوں سے ٹکراتی ہوئی انجذاب۔ انتشار اور انعکاس کے دشوار گزار مگر مبارک مرحلے کو پہونچ چکی ہے۔ مجھے یقین ہے کہ یہ کرن احتساب و تنقید کے منشور سے گزر کر اپنی بنیاد کی جانب جھکتی ہوئی سات رنگوں میں ٹوٹنے کو ہے جس میں ایک جمیل و روشن رنگ رئیس کی اپنی شناخت کا ہے۔

پروین کمار اشک۔ پٹھان کوٹ (پنجاب)

رئیس الدین رئیسؔ کی غزل ان کی فنِ شاعری کے جوہر سے مالا مال ہے۔ وہ احساساتی طور پر شکستہ پا بدن دریدہ اور ریگ آشنا ہونے کے باوجود زندگی کے پتھریلے خوفناک بے اماں اداس اور تنہا راستوں پر خوش رنگ سرسبز و شاداب وادیوں کی تلاش میں دیوانہ وار اور جواں مردی کے ساتھ گامزن ہیں۔ اس مسلسل رائیگاں بے سمت سفر میں اپنے منافق بے وفا دوستوں کی سفاکیوں سنگ بار موسموں کی لہو رنگ بارش میں سراپا تربتر ہوتے رواں دواں دریاؤں کے چمکیلے زہر آلود پانیوں کے جاں لیوا ذائقوں کے جگر دوز نوحے رئیس الدین رئیسؔ موثر کربیہ اور طنزیہ انداز میں زخمی اسلوب کے ساتھ شعر کے خوب صورت تحفے کی صورت میں اپنے قاری کو بڑی دیانتداری اور خلوص کے ساتھ

پیش کرتے ہیں۔

اقبال خلشؔ (آگرہ)

آپ کے خوبصورت و خوب سیرت شعری مجموعے "آسماں حیران ہے" کی اوراق نوردی میں مصروف ہوں جس میں اچھی اور سچی شاعری کے نگینے ہر ورق پر بکھرے ہوئے ہیں اور یہ نگینے آپ کی خلاقانہ صلاحیتوں کے ضامن ہیں خوش نصیب ہے وہ شاعر جو اپنے منفرد لب و لہجے سے پہچانا جائے آپ کی شاعری یقیناً منفرد لب و لہجے کی شاعری ہے جس میں آپ کے احساسات جذبات۔ تجربات کا بھرپور اظہار ہے کوئی بھی باذوق سامع یا قاری ایسی سچی اور کھری شاعری کو نظر انداز نہیں کر سکتا کیوں کہ ایسی دل پذیر شاعری برسوں کی مشق سخن کے بعد بھی بہت سے شعراء کو نصیب نہیں ہوتی (بقول حضرت جگر مرادآبادی) اگر کوئی شاعر ایک بھی شعر زندگی میں زندہ رہنے والا کہہ لے تو میں بلا تامل اس کو شاعر ماننے کو تیار ہوں" خدا کے فضل سے آپ کے شعری مجموعہ کی ہر غزل میں ایک نہ ایک شعر ایسا ضرور ہے جسے غزل کی آبرو کہا جاسکتا ہے زبان و بیان اور اسلوب شعری پر جو آپ کو قدرت حاصل ہے وہ اس امر کی گواہ ہے کہ آپ نے اپنی شاعری اور اسلوب شعری کی خون جگر سے آبیاری کی ہے تقسیم ملک کے بعد اُردو شعر و ادب میں جو تبدیلیاں رونما ہوئیں اور جو دل لرزا دینے والی داستانیں سنی و سنائی گئیں اور جن ناگفتہ بہہ حالات سے ملک کا ہر فرد نبرد آزما ہوا اور آج تک ہے آپ کی غزلوں میں اُن کی جھلک کو بخوبی دیکھی جاسکتا ہے سماج کے رستے ہوئے ہر زخم کی طرف آپ کی شاعری میں اشارے موجود ہیں آپ کے یہاں یاس بھی ہے اور آس بھی اور حقیقت بھی

یہی ہے کہ انسان زندگی انہیں دو کیفیتوں کا مرقع ہے آپ جن حالات سے گزر رہے ہیں یا گزر چکے ہیں آپ کی شاعری انہیں حالات کی ترجمان ہے آپ کا انداز شعر گوئی مصنوعی نہیں حقیقی ہے آپ کا شعری اسلوب نہ بالکل قدیم ہے اور نہ بالکل جدید ہے آپ نے قدیم و جدید کے امتزاج سے اپنی منفرد آواز پیدا کی ہے آپ کے پہلو میں ایک درد مند اور دکھی دل ہے جو اس بات کا غماز ہے کہ آپ نے زندگی بھر دکھ جھیلے ہیں پھر بھی آپ شکست خوردہ نظر نہیں آتے رجائیت کا کارواں آپ کے ساتھ رواں دواں ہے جہاں تک عیوب کا سوال ہے وہ فنی ہوں یا عروضی قواعدی ہوں یا لسانی میرے ناقص مطالعہ میں شاید ہی کوئی ایسا فنکار ہو جس کی شاعری ہر عیب سے پاک ہو کیوں کہ آپ کی شعری زبان ادبیت کی خوشبو میں بسی ہوئی ہے اس لیے عوام سے کم اور خواص سے زیادہ خراج حاصل کرے گی خدا سے دعا گو ہوں کہ آپ کی فکری اور تخلیقی صلاحیتیں توانا رہیں اور آئندہ آپ کا کلام اس سے بھی زیادہ فکری توانائیاں لے کر مطلع ادب۔ پر جلوہ افروز ہو اور قبول عام کا درجہ حاصل کرے۔

عالم خورشید۔ پٹنہ (بہار)

بہت عزیز ہے مجھ کو مسافتوں کی تھکن
سفر کو پاؤں کی زنجیر کرتا رہتا ہوں

اس شعر پر غور کریں تو یہ محسوس ہوتا ہے کہ شعر ایک ایسے مسافر کی داستان ہے جو طویل مدت سے کڑے سفر کا عذاب جھیل رہا سفر کی دشواریوں سے وہ تھک کر چور چور اور مضمحل ہے مگر کہیں ٹھہر کر دم لینے پر آمادہ نہیں کیوں کہ اس کے خیال میں سفر

ہی زندگی کا دوسرا نام ہے سو اس نے اپنے پاؤں میں سفر کی دائمی زنجیر ڈال لی ہے یہاں زنجیر کا استعمال ان روایتی معنوں میں نہیں بلکہ شاعر نے اسے ایک نیا مفہوم عطا کیا ہے۔

میرے خیال میں محض اس ایک شعر کے توسط سے ہم رئیس کی زندگی۔ ان کی فکر۔ ان کے رویئے اور ان کے اندر کے شاعر سے بھرپور تعارف حاصل کر سکتے ہیں ملک اور بیرون ممالک میں شائع ہونے والے معیاری ادبی رسالوں میں پابندی سے شائع ہونے والے اس شاعر کے بارے میں وثوق سے کہا جا سکتا ہے کہ اس کی تخلیقات ہر مکتبہ فکر کے لوگوں کو پسند آتی ہے۔

"آسماں حیران ہے" رئیس الدین رئیس کا پہلا شعری مجموعہ ہے جس کو پڑھ کر ذہن پر یہ تاثر قائم ہوتا ہے کہ رئیس زندگی کی سچائیوں سے آنکھ ملانے کا حوصلہ ہی نہیں رکھتے بلکہ ان سے نبرد آزما بھی ہیں اور جس خیال کو بھی شعر کے قالب میں ڈھالتے ہیں وہ ان کا بھوگا ہوا سچ ہے۔ میرے خیال میں بات وہی دل میں اندر تک اتر جاتی ہے جو فطری طور پر دل کے اندرون سے نکلی ہو۔ ورنہ کتابیں پڑھ کر اور عروض کی ہتھوڑی چھینی کے سہارے مصرعے تو موزوں کئے جا سکتے ہیں دل میں اُتر جانے والی شاعری نہیں کی جا سکتی رئیس اس معاملے میں خوش نصیب ہیں۔

زبان و بیان کے معاملے میں رئیس لفظوں کی بازی گری اور سر کے بل چل کر لوگوں کو اپنی طرف متوجہ کرنے میں یقین نہیں رکھتے ان کی زبان سلیس اور عام فہم ملے گی مگر اس کا مطلب قطعی یہ نہیں کہ وہ سہل پسندی کے شکار ہیں ان کی غزلوں میں قافیوں اور ردیفوں کا نظام یہ بتاتا ہے کہ وہ ہمیشہ نئے قافیوں اور ردیفوں کی تلاش میں سرگرداں رہتے ہیں مانو وہ اس بات کے قائل ہیں ہم اس سے بچ کے چلتے ہیں جو رستہ عام ہو جائے"

"آسماں حیران ہے" کی غزلیں یہ بھی بتاتی ہیں کہ شاعر نے کلاسیکی شاعری سے

جدید شاعری تک یعنی غزل کی تاریخ کا تسلسل سے مطالعہ کیا ہے لٰہذا ہر دور کی شاعری کے مثبت عناصر ان کے مزاج میں لاشعوری طور پر رچ بس گئے ہیں جو ان کی انفرادیت کے ساتھ مل کر ایک ایسی کائنات خلق کرتے ہیں جس میں توازن بھی ہے فکر و فن کی گہرائی بھی اور وہ کیفیت بھی جو انسانیت کے احساس کو زندگی بخشتی ہے۔

ضرورت ہے کہ رئیس کی شاعری کا تفصیلی جائزہ لیا جائے اور ان کے فکر و فن پر بھرپور گفتگو کی جائے مگر یہاں اس کا موقع نہیں اس لیے اس امید کے ساتھ میں بات ختم کرتا ہوں کہ ان کا آئندہ مجموعہ کلام اور بہتر اور معیاری ہو گا کیوں کہ زندگی کی مثبت قدروں سے انہوں نے اپنا رشتہ استوار کر رکھا ہے۔

شاہد احسن مراد آبادی (مراد آباد)

رئیس الدین رئیسؔ غزل کے ذریعے لوری سنا کر جاگتی آنکھوں کے لیے میٹھی نیندوں اور سپنوں کی دنیا کا درد کھولتے ہیں۔ ان کی غزل دل و دماغ۔ روح و ذہن کو اپنے ساتھ لے کر وقت کے دھارے کے ہمراہ قدم سے قدم ملا کر چل رہی ہے۔ وہ ارد گرد کی تمام چیزوں کے روحانی گوشوں کو ابھار کر انہیں شعر کے پیکر میں ڈھالنے کا ہنر خوب جانتے ہیں۔ ادبی حلقے ان کے مجموعہ کلام کا پرجوش خیر مقدم کریں گے اس کا مجھے یقین ہے۔

ساحر شیوی لیوٹن (انگلینڈ)

میری جانب سے آسماں حیران ہے کہ اشاعت پر مبارک باد قبول فرمائیے خدا

کرے آپ کا یہ مجموعہ کلام خواص و عوام میں مقبول ہو۔ مجموعے کی تعریف کیا کروں ہر شعر دل کو چھوتا ہے اور آپ کے فکر و احساس کی تازگی اور نیا اسلوب و انداز بیان سے کافی متاثر ہوا۔

میرے پاس ایسے الفاظ نہیں ہیں جس سے آپ کی داد کا حق ہو سکے امید ہے آپ کی ہمہ جہت شاعری کو مزید قدر کی نگاہ سے دیکھا جائے گا اس کے مطالعہ کے بعد یہ بات خوبی کے ساتھ واضح ہو جاتی ہے کہ آپ نے راہِ سخن کے عصری تقاضوں کو پورا کرنے کی مثال قائم کی ہے آپ کے یہاں ردیفوں قافیوں میں خاصا تنوع ہے خاص کر قافیوں کے سمندر میں گہرا غوطہ لگا کر نئے نئے موتی چن کر لاتے ہیں مجموعہ کلام کے مطالعہ کے بعد چند اشعار کی آمد ہوئی ہے جو آپ کی نذر ہیں۔

عالمِ اُردو کو تیرا دان ہے
اے رئیس اب آسماں حیران ہے
زندگی تیری ترا ارمان ہے
آسماں حیراں ہے تیری آن ہے
آسماں کیوں کر نہ ہو حیراں رئیس
آج تو بھی صاحب دیوان ہے
تیرا ہر سو نام تیرا مان ہے
اب کوئی کیا تجھ سے بھی انجان ہے
تیری ہر تخلیق میں ہے زندگی
ساحرِ کمتر کا یہ ایمان ہے
اس میں دنیا کے ہزاروں درد ہیں

لگ رہا ہے معنوی انسان ہے
ہے مزین فکر و فن سے یہ کلام
تیرا مجموعہ ادب کی جان ہے
لفظ اس میں کوئی بھرتی کا نہیں
تیرے ہر ایک شعر کی یہ شان ہے
قابلیت ہو یا شخصیت تری
شاعری تیری۔ تری پہچان ہے
یہ نیا اسلوب و اندازِ سخن
ہر غزل سر سبز اک میدان ہے
خوبرو ہے چاند تاروں کی طرح
جیسے سونے کی یہ کوئی کان ہے
سب کے ہی دل میں اترتا جائے گا
بانسری کی اک سریلی تان ہے
ساحر اس کی داد دیتے ہی بنے
معتبر اشعار کا دیوان ہے

***

آپ کا مجموعہ ثانی "زمیں خاموش ہے" پڑھ کر بے حد خوشی ہوئی اور بے حد پسند آیا۔ اللہ کرے زور قلم اور زیادہ اپنے تاثرات پیش کر رہا ہوں آپ کو پسند آ گئے تو میری محنت رائیگاں نہیں جائے گی۔

چند اشعار کی آمد ہوئی ہے جو آپ کی نذر ہیں۔

اک سچا فن کار رئیس الدین رئیسؔ
اُردو کا گلزار رئیس الدین رئیسؔ

خوب اس کی تخلیق زمیں خاموش ہے
خوش فکر و گفتار رئیس الدین رئیسؔ

بھرتی کے اشعار سے اس کی پاک غزل
رکھتا ہے معیار رئیس الدین رئیسؔ

طوفاں آئے لاکھ ادب کی کشتی کو
کر لیتا ہے پار رئیس الدین رئیسؔ

کرتا ہے جو اس کے دل میں ہوتا ہے
ہونٹوں پر اظہار رئیس الدین رئیسؔ

نظم و نثر میں اس کو قدرت حاصل ہے
ہر رہ میں ہے مختار رئیس الدین رئیسؔ

تاباں اس کی ہستی ماہ انجم سی
رکھتے ہیں کردار رئیس الدین رئیسؔ

جو اُردو دشمن ہے اُس پر ہر دم
کرتا ہے یلغار رئیس الدین رئیسؔ

رنگ نئے بھرتا ہے اپنے شعروں میں
ہر فن میں ہشیار رئیس الدین رئیسؔ

اپنے سخن میں جدت کا بھی وہ حامی
رہتا ہے بیدار رئیس الدین رئیسؔ

رہتا ہے وہ دور خوشامد سے ہر دم
ہے اتنا خوددار رئیس الدین رئیسؔ
اس میں تعلّی کوئی نہیں تھوڑی سی بھی
ساحرؔ کا دلدار رئیس الدین رئیسؔ

(مرحوم) اطہر رازؔ لندن (انگلینڈ)

آپ سے تحریری رابطے اور تعارف سے پہلے آپ کی تخلیقات مختلف رسائل میں پڑھ چکا تھا یہی اشعار آئینہ ذات کی وہ کرچیاں ہیں کہ اگر جنہیں یک جا کر دیا جائے تو آپ کی ذات یا شخصیت کی مکمل صورت بن جاتی ہے جو شاعری اب تک آپ نے پیش کی ہے وہ کسی ایسے فنکار کے ذہن سے نکل کر لفظوں کی پوشاک میں نہیں سما سکتی جس پر برائی کے نشانات لگائے جا سکیں آپ بحیثیت شاعر ایک سچے اور بہت ہی اچھے شاعر کے روپ میں جلوہ گر ہیں آپ بھی ظلم و ستم کے خلاف کمربستہ ہیں آپ بھی حالات کا شکار ہیں آپ کا دل صاف ہے اور ذہن بیدار ہے اگر یہ نہ ہوتا تو آپ کی خوبصورت غزلیں محض قافیہ پیمائی کی اسیر ہو جاتیں۔

آپ کی ہر غزل میں رفعت ہے
ذکر دنیا ہے عکسِ فطرت ہے
شاعری میں شکایتیں کم ہیں
رازؔ حالات کی وضاحت ہے

انور شیخ۔ کارڈف (انگلینڈ)

رئیسؔ صاحب نہ صرف نغز گو شاعر ہیں بلکہ علم عروض سے بھی بہرہ ور ہیں اس کے باوجود ان کو فن آشنائی کی ڈینگیں مارنے کا عارضہ لاحق نہیں اسی لیے وہ اظہار خیال کے لیے موزوں اور مترنم بحریں استعمال کرتے ہیں نہ کہ دقیق اور بھاری بھر کم بحریں جن کا تعلق استادی جتانے سے زیادہ اور معنویت سے کم ہو جاتا ہے۔ وہ جانتے ہیں کہ قاری شعر کو ضیافت طبع کے لیے پڑھتا ہے نہ کہ دل سوزی کے لیے۔

اسلوب بیان شعریت کا فطری جزو ہے۔ وہ اپنی قلبی کیفیات کو اس طرح ظاہر کرتے ہیں کہ قاری سمجھنے لگتا ہے۔ کہ جیسے ان کی شاعری اسی کے جذبات کی ترجمانی کر رہی ہے فرماتے ہیں۔

مصوّروں کو ہے زعم مصوّری لیکن
میں اپنی زیست کو تصویر کرتا رہتا ہوں

چونکہ ہماری زندگیاں اقدار مشترک پر قائم ہیں۔ اس لیے جو شاعر اپنے افکار و جذبات کی عکاسی کر سکے وہ طبعاً اپنے ہم عصروں کا ترجمان بن جاتا ہے۔

اُردو نوازوں کو رئیس صاحب جیسے شعرا کی طرف توجہ دینے کی اشد ضرورت ہے۔ وہ اس لیے کہ ان کے اشعار میں ناامیدی اور بے ہمتی کے لیے کوئی جگہ نہیں بلکہ زندگی کی بلندیوں پر عبور پانے کا مصمم ارادہ ہے۔

بنائے رکھنا سدا صبر کو سپر اپنی
شکست پائیں گے اک روز جنگجو تجھ سے

رئیس الدین رئیسؔ نہ صرف ہند و پاک کے جانے پہچانے شاعر ہیں بلکہ ان کا کلام مغربی جرائد میں بھی چھپتا رہتا ہے۔ صنف شاعری کے قدردانوں کے لیے یہ بات باعثِ مسرت ہوگی کہ ان کا شعری مجموعہ "آسماں حیران ہے" عنقریب شائع ہو رہا ہے۔

(آنجہانی) دلیپ بادل (نئی دہلی)

رئیس الدین رئیسؔ ہند و پاک میں ابھرنے والی شعری آوازوں میں ایک دلاویز آواز ہے۔ رئیس کے پاؤں ارضِ ہند میں پیوست ہیں مگر ماہ و پروین پر کمند ڈالنے کی دلی تمنا ان کے دل و دماغ میں بدرجہ اتم موجود ہے رئیسؔ کی یہی آرزو انہیں شعری بلندیوں سے ہمکنار کرے گی جس کے لیے رئیس جب یہ کہتے ہیں۔

ہوا کے ہاتھوں میں دم ہے کہ میرے ہاتھوں میں
یہ دیکھنے کو نئے بادباں بناؤں میں

رئیس دکھوں کا رئیس ہے اسی لیے اسے اپنی اردگرد کی پھیلی ہوئی حیات اور کسمساتے ہوئے معاشرے پر قلبی درد ہے۔ رئیسؔ جوان ہوتے ہوئے بھی ان المناک لمحوں کا سوداگر بن جاتے ہیں جو انسان کی فکری طاقت کو بوڑھا کر دیتا ہے۔ ایسا عمدہ شعر کہنا ہر کس و ناکس کے بس کا روگ نہیں۔

منزلیں مٹتی ہوئیں دور آسماں ہوتا ہوا
وحشتوں کے بیچ انساں بے زباں ہوتا ہوا
میں جنوں رفتار سب راہوں کو سر کرتا ہوا

غازی گفتار کا چہرہ دھواں ہوتا ہوا

آج ہندوستان جس آگ کی نذر ہے کس کو نہیں معلوم ؟ رئیس آ کا یہ شعر دل کی گہرائیوں کو چھولیتا ہے۔

ہوئی ہے شہر میں داخل سپاہ لگتا ہے
گھر اور بھی ابھی ہوں گے تباہ لگتا ہے

میری اپنی رائے میں آزادی کے بعد پیدا ہونے والی نسل کے جن شاعروں نے اپنے تخلیقی سفر میں خود اپنے وجدان اور عرفان کے سہارے نئی منزلیں طے کیں یا سفارت کی رئیس کا نام نامی سر فہرست رہے گا شاعر اپنے معاشرے کا اہم جزو ہوتا ہے۔ اور وہ اپنے معاشرے کو جیسا دیکھتا ہے اور پرکھتا ہے جبھی وہ یہ کہہ سکتا ہے۔

ورق ورق تجھے تحریر کرتا رہتا ہوں
میں زندگی تری تشہیر کرتا رہتا ہوں

یقیناً لفظ لفظ تخلیقی سفر میں نئی منزلوں کی حشمت اور بشارت ہوگی۔

نور پرکار (کویت)

رئیس الدین رئیس آ کا کلام برصغیر کے تمام معیاری ادبی رسائل میں شائع ہوتا رہتا ہے ان کے دو شعری مجموعے بالترتیب "آسماں حیران ہے" اور "زمیں خاموش ہے" شائع ہوکر عوام وخواص میں قبولیت کا درجہ پاچکے ہیں پہلا مجموعہ دہلی اور دوسرا کراچی میں شائع ہوا ہے محبتوں کے اس تعمیر کردہ پل میں دراڑیں ڈالنے والوں کی کمی نہیں پر ثابت قدم رہنے والوں کے جتھے میں بھی کمی نہیں آئی اس لیے تو امن کی فضا برقرار ہے اور

محبتوں کے امین ساجھے داری کا علم تھامے تیر گی کے سینے کو چیرتے ہوئے نئ صبح کے انتظار میں نہ تھکے ہیں نہ دل برداشتہ ہوئے ہیں بس راہ تکتے ہیں شاید انسانیت سے معمور دلوں کا یہی مقدر رہے۔

رئیس الدین رئیس ؔان خوش نصیب شعرا میں سے ہیں جن کے پاس نہ صرف دولت فکر ہے بلکہ وسعت ادراک بھی جو لہجے کی پختگی کی وجہ انفرادیت عطا کر گئ ہے۔ رئیس ؔنے غزل کو امتیازی شان عطا کرنے میں کوئی کمی نہیں رکھی اور اپنی شناخت قائم کرنے کے لیے نہ کوئی شور شرابہ کیا نہ کوئی کرتب دکھائے بس ہمہ وقت بیدار مغزرہے اور روایتی تہذیب سے آشنائی میں عصری تقاضوں کو دھیان میں رکھتے ہوئے نئے وژن میں منفرد اظہار بیان پر زور دیا اور معنویت کے میدان میں اپنے نام کی مناسبت سے رئیس کہلائے رئیس ؔہو گئے۔

محمد بدیع الزماں نے لکھا کہ رئیس کی سبک روی انہیں طرز ادا دے گئ پروفیسر عنوان چشتی۔ پروفیسر شہریار ساحر ؔہوشیار پوری۔ غلام ربانی تاباں ؔ۔ زبیر رضوی۔ کرامت علی کرامت ؔعزیز اندوری۔ ڈاکٹر شہپر رسول۔ کرشن موہن۔ کالی داس گپتا رضا نے کم و بیش اپنی آراء کا اظہار کرتے ہوئے لکھا ہے کہ شاعر مصائب کی چلچلاتی دھوپ میں زندگی کی خار دار زمین پر سر گرم سفر ہے۔ رئیس نے اپنے تخلیقی تجربوں کو فنی رکھاؤ کلاسیکی نظم اور جمال آفرینی زبان کے ساتھ پیش کیا ہے۔ ان کی آواز کا چہرہ روز بہ روز نکھرتا جارہا ہے۔ انہوں نے کہیں کہیں کومل سروں کو اپنایا ہے تو تھوڑا بہت گرجتے برستے اداشناسی کا بھی مظاہرہ کیا ہے۔ ان کے لہجے کا بہاؤ روانی مسرت بھرا تحیر بھی پیدا کرتی ہے تلاش ذات کی شاعری کائنات کی منزلوں کا پتہ دیتی ہے و نیز زبان و بیان کی خوبیاں تازہ کاری کے اہم ثبوت ہیں۔ استعاراتی زبان کے استعمال پر جو دسترس رئیس کو حاصل ہے بہت کم

شعراء کے حصے میں آئی ہے اور جہاں تک جدیدیت کا تعلق ہے وہ بے لگام اور نامانوس نہیں ہے رئیس کی بصیرت اپنے اندر جھانکنے کا حوصلہ رکھتی ہے اور بصارت باہر کی دنیا کے مشاہدے پر اکساتی ہے جس کا اظہار ظہیر غازی پوری نے بہت خوبصورت انداز میں کیا ہے اس دعوے کے ساتھ کہ ان کی خود آگہی وخودشناسی وقت کی دھند میں بھی ان کے فن کو قائم ودائم رکھے گی۔

رئیس الدین رئیس کی تجرباتی زندگی میں غزل کے علاوہ رباعیات۔ قطعات۔ دوہے گیت۔ آزاد غزل غزل نما اور نظمیں بھی در آئیں پر رجائیت کی طرف راغب رئیس کی کہنہ مشق غزل سے قربت کا حوصلہ دے گئی جو فنی اور عصری تقاضوں سے آراستہ ہے نہ غم جاناں الگ رہا اور نہ غم دوراں۔ ہجرت۔ یاپڑاؤ۔ بے گھری۔ زادراہ۔ جیسے استعارہ عہد نو کی گھٹی میں پک کر جوان ہو رہے ہیں رئیس نے کھل کر انہیں اپنی دسترس میں رکھا۔ خودشناسی کے پہلو میں چھپی جگ شناسی الگ سے مرتبے کا تعین کرتی نظر آتی ہے جہاں روایتی شان کو برقرار بھی رکھا گیا ہے نیز جدید حسیت کے منطقی بہاؤ میں تصرف و روحانیت کی لہروں کا شور بھی مدھم نہیں ہوتا۔

قیس ؔرامپوری (نوئیڈا)

رئیس الدین رئیس ؔایک کہنہ مشق شاعر ہیں ان کے یہاں شعر و سخن کی روایتی اقدار ضرور ملتی ہیں لیکن ایسا بھی نہیں ہے کہ وہ روایتی سخن طرازی کے اسیر ہو کر مقصد کو ہی زک پہونچادیں۔

رئیس ؔنے قدما کے فن سے بغاوت نہیں کی ہے لیکن جہاں اتباع سے انہیں الجھن

محسوس ہوئی تو انہوں نے جدت پیدا کی اور اپنے منفرد انداز کلام میں ڈھال دیا۔

رئیس ؔ تمام تر تغزل کی رعنائی بر قرار رکھتے ہوئے زمانہ کے نشیب و فراز غم دوراں اور غم جاناں کو جس پیرایہ میں نظم کرتے ہیں وہ ان کی انفرادیت کا بولتا ثبوت ہے انہوں نے خرد اور جنوں کا عشق اور حسن کا گل اور بلبل کا استحصال نہیں کیا ہے لیکن ان کے کلام میں ان تمام عناصر کا بھرپور امتزاج پایا جاتا ہے۔

کس کو معلوم تھا اک روز کہ یوں ہونا تھا
مستقل ضبط کا انجام جنوں ہونا تھا

خالد یوسف آکسفورڈ (انگلینڈ)

رئیس الدین رئیس ؔ زیر نظر شعری مجموعہ آسماں حیران ہے مطلع سخن پر ایک درخشاں ستارہ بن کر اُبھرا ہے ان کے کلام کے بغور مطالعہ سے یہ ظاہر ہوتا ہے کہ ان کے افکار پر کسی نظریے کی چھاپ نہیں اور بنیادی طور پر وہ داخلیت پسند شاعر ہیں جنھوں نے اپنے ذاتی تجربات کو شعر کے قالب میں بڑی خوبصورتی سے ڈھالا ہے انہوں نے غم دوراں میں کچھ اس طرح سمویا ہے کہ کسی دوئی یا اجنبیت کا احساس تک نہیں ہوتا اور بات سننے والے کے دل میں خود بخود اترتی چلی جاتی ہے۔

تمام شہر ہی پیاسا ہے کربلا کی طرح
سبھی نے میرے لہو کا ایاغ مانگا ہے
تری طلب پہ تو حیراں ہے آسمان رئیس

کہ تو نے چاند نہیں اس کا داغ مانگا ہے

احساسات کے اظہار میں رئیسؔ نے انقلابی گھن گرج سے دامن بچاتے ہوئے جگہ جگہ دبے دبے لفظوں میں آئے دن کے کشت و حزن اور سماجی ناانصافیوں کے خلاف آواز بلند کی ہے مثلاً ان کے یہ اشعار۔

زرد رو مدقوق بچے پھر رہے ہیں ہر گلی
اور دیواروں پہ لکھی ہیں دعائیں اے خدا
اتفاقِ رائے سے کھینچی تھی ہم نے جب لکیر
پھر نشاں سرحد کا اک شمشیر کیسے ہو گیا
مرید آتے ہیں لیکر عقیدتیں کیا کیا
عقیدتوں کی وہ چادر ہی پیر کھینچتے ہیں
دولت نہ سہی رزقِ انا تو ہے مرے پاس
دنیا کے خداؤں کو خدا میں نہیں کہتا

رئیس اپنے افکار کی تابندگی اور شدت احساس کی بنا پر ایک بے حس اور مادہ پرست سماج میں اس تنہائی کا شکار ہیں جس کا سامنا سقراط ہو یا گوتم بدھ۔ ٹیپو سلطان۔ ہو یا گیو میرا ہر بڑی آتما کو کرنا پڑتا ہے۔

تمام شہر محلہ گلی۔ مکاں میرا
اور اجنبی کی طرح میں کھڑا ہوں تنہا چپ
رئیس تحفہ ملا کیا ہے گل بیانی کا
کہ حرف حرف ہمیں کو ببول ہو گیا ہے

بادی النظر میں ان کی شاعری فسردگی اور قنوطیت کا شکار نظر آتی ہے لیکن اس کا

گہرا مطالعہ اس سطحی تاثر کی نفی کرتا ہے وہ خود کہتے ہیں۔

دامن موجِ شب تار میں پلنے والے
سرحدِ شب پہ چراغوں کی یہ صف دیکھ تو لے

اور یہاں ہمیں ظہیر کاشمیری کا رجائیت سے بھرپور وہ شعر یاد آجاتا ہے۔

یہ مانا ہم نے جلایا چراغ آخر شب
ہمارے بعد اندھیرا نہیں اُجالا ہے

رئیس الدین رئیس کا انداز کلام ایک روشن مستقبل کے امکانات کی نشاندہی کر رہا ہے فن شاعری پر ان کی گرفت مضبوط ہے اور وہ اگر ذات کے حصار سے ذرا باہر نکل کر اپنے گردوپیش بلکہ عالمی منظرنامے پر بھی نظر دوڑائیں۔ تو اپنے فن کو گہرائی کے ساتھ ساتھ وسعت وگیرائی سے ہمکنار کر سکتے ہیں۔

ملکہ جعفری نیویارک (امریکہ)

آپ کی کتاب " آسماں حیران ہے " نظر نواز ہوئی ایک منجھے ہوئے شاعر کے کلام پر تبصرہ کرنا چھوٹا منہ بڑی بات کرنے کے مترادف ہے لیکن کبھی کبھی چھوٹے بھی کوئی بات ایسی کہہ جاتے ہیں جو وزن رکھتی ہے آپ کا شعری مجموعہ بڑے نفیس اور نرم احساسات اور خیالات پر مبنی ہے کتاب کو کئی بار پڑھ کر یہ محسوس ہوا کہ یہ ایک ایسے شاعر کا کلام ہے جس کی ذات کی جڑیں انسانیت کے احساسات کے عمیق گہرائیوں تک پھیلی ہوئی ہیں وہ دکھ جن کے بوجھ سے روح تھک جاتی ہو شاعر کو اور باحوصلہ اور باہمت بنا دیتے ہیں آپ کے اس شعر سے اسی کیفیت کی عکاسی ہوتی ہے۔

دولت نہ سہی رزق انا تو ہے مرے پاس
دنیا کے خداؤں کو خدا میں نہیں کہتا

باوجود تمام دشواریوں۔ دقتوں اور مصائب کے یہ انا اور ذات کی بلندی جو دنیا کے خداؤں کے سامنے کبھی نہیں جھک سکتی۔ آپ کے کلام میں صرف انسانی ذات کی محرومیاں اور مایوسیاں ہی نہیں بلکہ امید و بیم بھی جگہ جگہ نظر آتی ہے۔

ظلمتیں چند ہی لمحوں کی ہیں مہمان رئیسؔ
ملنے والی ہے ان آنکھوں کو سحراب کیا ہے

خدا آپ کو کامیاب کرے بلاشبہ آپ عہد کے اور جذبہ انسانی کے نمائندہ شاعر ہیں۔

محمد عابد علی عابدؔ جمال پور (علی گڑھ)

رئیس الدین رئیسؔ کا شمار اردو ادب کے ان معتبر شعراء میں ہوتا ہے کہ جنہوں نے فن کی باریکیوں کو سمجھا۔ لوازمِ شعری سے واقفیت حاصل کی اور اپنی تخلیقات میں فکر و اظہار کی انفرادیت کو مقدم رکھا یہی سبب ہے کہ انہوں نے اردو شاعری میں اپنی ایک خاص پہچان بنائی ہے۔

رئیس نے متعدد اصناف سخن میں طبع آزمائی کی ہے لیکن وہ بنیادی طور پر غزل کے شاعر ہیں رئیس نے اپنے لہجے کی انفرادیت۔ کلام کی پختگی اور اظہار فکر کی ندرت کے باعث جدید اردو غزل میں اپنا مقام بنایا ہے یہ درست ہے کہ رئیس کے یہاں غم دوراں۔

غم جاناں سے زیادہ اہم ہے وہ خود رقم طراز ہیں۔

عارض آنکھیں ابرو۔ زلفیں۔لب لکھنا
ہم سے آیا رنگیں غزلیں کب لکھنا

جدیدیت کے نام پر الہام اور مہملیت کا رواج عام ہوا مگر رئیس نے واقعیت اور شعریت کا دامن ہاتھ سے نہیں چھوڑا۔

اخلاقی اقدار کا فقدان۔ محرومیوں کا بیان اور وہ بھی طنزیہ اور شدید لہجے میں اس بات کا ثبوت ہے کہ رئیس تجربات ومشاہدات کی بھٹی میں خود تپتے ہیں اور اسی لیے ان کے یہاں شکست خوردگی کا احساس نمایاں ہے اور شوخی وظرافت کی کمی محسوس ہوتی ہے۔

مری شریک سفر میری تشنہ کامی تھی
مرے نصیب میں حالات کی غلامی تھی

بہ ایں ہمہ رئیس نے اپنے تجربات اور مشاہدۂ زندگی کا غلامی اور استعاراتی اظہار جس صداقت اور مہارت سے کیا ہے۔اس کے لئے وہ مبارک باد کے مستحق ہیں۔رئیس تلاشِ ذات کے شاعر ہیں اور خود شناسی اُن کی منزل۔

کسی سے پوچھیں کیوں پہچان اپنی
خود اپنے دل کا آئینہ بہت ہے

رئیس نے مشکل زمین اور طویل ردیفوں میں شعر نکالے ہیں۔

پھر اہتمام کرو شب نورد ہونے کا
یہی ہے وقت رگ وپے میں درد ہونے کا
خوں رنگ ہر ایاغ یہاں بھی وہاں بھی ہے
ہر سینہ داغ داغ یہاں بھی وہاں بھی ہے

ظاہر ہے کہ صنعت شاعر کے کلام میں تب پیدا ہوتی ہے جب وہ قادر الکلام ہے ہونے کا مقام حاصل کر لے رئیس نے اس کا دعویٰ کبھی نہیں کیا

رئیس اتنی بھی شہر فن میں بے صبری نہیں بہتر
ریاضت جب کرو گے تم تو فن کاری بھی آئے گی

رئیس کے دو مجموعہ ہائے کلام "آسماں حیران ہے" اور "زمین خاموش ہے" منظر عام پر آ چکے ہیں اور اب کلیات کی شکل حذف و اضافہ کے ساتھ نیا شعری مجموعہ سمندر سوچتا ہے کی آمد آمد ہے اس کے لیے میں انہیں تہہ دل سے مبارک باد دیتا ہوں۔

محمد عابد علی عابدؔ
سابق اسسٹنٹ انجینئر۔ آل انڈیا ریڈیو
وزارت اطلاعات و نشریات حکومتِ ہند

آفاق عالم صدیقی در بھنگہ (بہار)

تجزیہ "آسماں حیران ہے"
"منتظر ہوں رات سے ہی صبح کی تنویر کا"

پچھلے چند برسوں میں اُردو ادب میں نئی جہتیں رونما ہوئی ہیں۔ انداز و فکر اور زندگی سے متعلق حقائق کے ترسیل و تفہیم میں جو بنیادی تغیر پیدا ہوا ہے ان میں یقیناً نسلی اور عصری امتیاز کے ساتھ ساتھ سابقہ فکری رویوں سے انحراف کا فطری جواز خفتہ و شوریدہ

موجود ہے یہی وجہ ہے کہ موجودہ نسل کے ادیبوں اور شاعروں نے جس تخلیقی اور فنی نہج کو اپنایا ہے اس کا براہِ راست تعلق نہ تو کسی رجحان سے ہے اور نہ نظریہ و آئیڈیولوجی سے۔

رئیس الدین رئیس دور حاضر کے ان شاعروں میں سے ایک ہیں جو اپنا تخلیقی جواز اپنی فکری قوت سے اس طرح فراہم کرتے ہیں کہ نہ تو ماضی سے ان کا رشتہ منقطع ہوتا ہے اور نہ تازہ کار پیش روؤں سے مکمل اور مجرمانہ انحراف کا رویہ ہی واضح ہوتا ہے یہی وجہ ہے کہ ۸۰ء کے بعد نمایاں ہونے والی تخلیقی نسل کے بعض زور آور تخلیقی فنکاروں کے حوالے سے ان کی انفرادی شناخت کا مسئلہ شکوک و شبہات کا شکار ہے اس کے علاوہ بھی کئی وجہیں ایسی ہیں جن سے صرف نظر نہیں کیا جا سکتا مثلاً بعض لوگ ۸۰ء کے بعد نمایاں ہونے والی نسل کا شمار اسعد بدایونی سے شمار کرتے ہیں تو بعض لوگ خالد عبادی یا جمال اویسی سے شروع کرتے ہیں۔ جو لوگ اسعد بدایونی سے شروع کرتے ہیں وہ عبدالاحد سازؔ۔ مہتاب حیدر نقوی۔ شہپر رسول۔ ابراہیم اشک۔ رؤف خیر اور احمد محفوظ تک آتے آتے خاموش ہو جاتے ہیں اسی طرح جو لوگ جمال اویسی سے شروع کرتے ہیں وہ خالد عبادی راشد طرازؔ وغیرہ سے ہوتے ہوئے قمر صدیقی تک آ جاتے ہیں تو کبھی کبھار سرور ساجد۔ سرور الہدیٰ۔ انور ایرج عادل حیات سے لے کر شارق عدیل تک پہونچ جاتے ہیں اس طرح کا رویہ اپنانے والے جہاں پہلی فہرست والوں کو تازہ ترین پیش روؤں میں شمار کرتے ہیں وہیں خورشید اکبر۔ عالم خورشید نعمان شوق۔ خورشید طلب۔ رئیس الدین رئیس۔ عاصم شہنواز شبلی اور طارق متین وغیرہم کو بھی تازہ ترین پیش روؤں کے زمرے میں ڈال دیتے ہیں بعض ایسے حضرات بھی ہیں جن کا نام لوگ شاید باید ہی لیتے ہیں جبکہ وہ لوگ اسی نسل کے فنکاروں میں شمار کئے جانے کا پورا پورا حق رکھتے ہیں مثلاً رونق شہری۔ شارق عدیل۔ سلیم انصاری۔ عطا عابدی۔ محسن رضا رضوی۔ شکیل جمالی۔

سراج اجملی۔ اور بہت سے وہ نام جو سر دست مجھے یاد نہیں آرہے ہیں بعض نام ایسے ہیں جنہیں خورشید اکبر والے زمرے میں برابر کی شرکت ملنی چاہیے لیکن پتا نہیں کیوں لوگ ان کا نام لیے بغیر ہی کام چلا لیتے ہیں مثلاً شمیم قاسمی۔ منیر سیفی وغیرہ اس طرح کی افراتفری سے ہوتا یہ ہے کہ رئیس الدین رئیس جیسے بعض اہم ہمعصر جو صرف تخلیقی فن کی آبیاری تک ہی محدود ہیں فہرست سازی کے وقت ذہنی گرفت سے بام مچھلی کی طرح پھسل جاتے ہیں اور ان کی عدم شرکت بھی نہیں کھلتی ہے۔ میں نے اس نسل کے ہم عصرانہ روابط کے عدم استحکام کی طرف بار بار توجہ دلائی ہے مگر انتشار کا اب تک وہی عالم ہے یہ ایک الگ مسئلہ ہے جس پر بات ہوتی رہے گی ہاں تو میں یہ کہہ رہا تھا کہ اگر عصری انفرادیت کی سچی تخلیقی بصیرت کے ساتھ ساتھ انسلاکاتی تخلیقی لوازمہ کے تحت دیکھا جائے جس پر بہت پر لطف مصلحت کا عکس پڑرہا ہو تو رئیس الدین رئیس ایک معتدل اور بہت حد تک معتبر شاعر شمار کئے جانے کے پوری طرح حقدار ثابت ہوں گے مگر مسئلہ یہ ہے کہ یہ نسل منطقی (کیوں کہ منطقے تیزی سے گردش کرتے ہوئے بدل رہے ہیں) فکری اسلوبی اور عملی کے ساتھ ساتھ عصری اعتبار سے بھی خود کو تخلیقی سطح پر منفرد ثابت کرنے پر پوری طرح کمربستہ اور فعال ہے تو اس حالت میں رئیس کو اس کے تخلیقی لوازمے کے ساتھ کس مقام پر لکھا جائے؟ یہ ایک اہم سوال ہے جس کا جواب رئیس کی تازہ کار شاعری میں تلاش کیا جاسکتا ہے لیکن میرے لیے مشکل یہ ہے کہ میرے پاس ان کا صرف پہلا مجموعہ غزل "آسماں حیران ہے" ہی دستیاب ہے اور میں سمجھتا ہوں کہ یہ مجموعہ اس وقت کی شاعری کا امین ہے جب ۸۰ء کے بعد کی انفرادی صورتحال کے خدو خال ابھی طے ہونا شروع ہوئے تھے اس لیے اس مجموعہ کلام کے حوالے سے ان کے یہاں ۸۰ء کے بعد والی تخلیقی لہروں کی انفرادی گونج کا واضح لہجہ تلاش کرنا غیر جانبدارانہ

رویہ کے منافی ہو گا۔ اس کے باوجود رئیس کی شاعری اس معیار کی تو ہے ہی کہ اس کے فکری لوازمات اور تخلیقی ارتقاذات کو ضابطوں اور اصولوں کے دائرے میں رکھ کر ہی دیکھنا پڑے تو پھر یہ ضابطے ۸۰ء کے بعد والے فکری رویہ کے حوالے سے ہی مرتب کرنے پڑیں گے کیوں کہ ان کی شاعری۔ ان کی سوچ ان کا طرز احساس اور تخلیقی عمل کے سلسلے میں بروئے کار لایا گیا ان کا فنی برتاؤ سابقہ رویوں سے اتنا مختلف ہے کہ کوئی بھی رجحان آمیز اصول اس کی پرکھ کے لیے زیادہ سود مند ثابت نہیں ہو سکے گا کیوں کہ رئیس کا کلام کسی بندھے ٹکے اصول کے مطابق زندگی کی ایک مخصوص فریم روک میں فٹ کر کے دیکھنے کا قطعی روادار نہیں ہے ان کے یہاں زندگی کی رنگارنگی فن کے لوازمے کے ساتھ اس طرح حل ہو جاتی ہے کہ ادب اور زندگی کے رشتے پر شک کرنے کی کوئی گنجائش باقی نہیں رہ جاتی ہے زندگی کا ہر پہلو فطری انداز میں اس طرح شعری پیکر اختیار کرتا ہے کہ قاری فطری بصیرت اور ارضی صداقت کے اس موڑ پر آ جاتا ہے کہ جہاں پہنچ کر اس کا دل گداز ہو جاتا ہے اور وہ ایک خاص قسم کی شیفتگی کے جذبے سے سرشار ہو کر بشریاتی تہذیبی فطرت سے اس درجہ قریب ہو جاتا ہے کہ من و تو کا غبار چھٹ جاتا ہے اور وسیع المشربی و مساوات کا شفاف جذبہ موجیں مارنے لگتا ہے۔

منزلیں مٹتی ہوئیں دور آسماں ہوتا ہوا
وحشتوں کے بیچ انساں بے زباں ہوتا ہوا

اے زمین بے اذاں سرخ آسماں کیسے ہوا
شہر کے ہر شخص کا چہرہ دھواں کیسے ہوا

صلہ ملا ہے یہ مجھ کو مری خموشی کا
عذاب جھیل رہا ہوں مکاں بدوشی کا

اُچھلے سر معصوموں کے بھی نیزوں پر
شہر کا موسم کیوں اتنا سفاک ہوا
شہر میں رقصاں ہوئی بے چارگی
درد کی دولت کا میں خازن ہوا

رئیس کی شاعری کا ایک رنگ قنوطیت کے پیکر میں بھی ظاہر ہوتا ہے لیکن یہ قنوطیت انفعالی کیفیت سے دوچار کرنے کے بجائے حالات کے ستم ظریفانہ رویہ کے تحت ہمدردانہ جذبات کے فروغ کی ضامن بنتی ہے اور بہت حد تک زندگی کے عدم استحکام سے پیدا ہونے والی انفعالی یخ بستگی کو حرارت پہنچانے کی کوشش کرتی ہے پھر آج کے عالمی سیاسی تہذیبی اور قومی تناظر میں غور کریں کہ آج دنیا میں کتنی فیصد آبادی ایسی ہے جسے آج احساس بے بسی میں مبتلا کرنے کی بین الاقوامی سازش نہیں کی جارہی ہے دنیا کی کونسی ایسی تہذیب ہے جس پر خلا میں گھومنے والے جاسوسی سیارے شب خون نہیں مار رہے ہیں؟ دنیا کا کون ساخطہ ہے جہاں لوگ عالمی دہشت گردی سے محفوظ رہ سکتے ہیں لیکن اس سے یہ نہیں سمجھ لینا چاہیے کہ رئیسؔ کے کلام میں احساس کم مائیگی کا جذبہ کارفرما ہے۔ رئیس الدین رئیس کو جہاں موجودہ عہد کے تناظر میں صالح قدروں کی پامالی اور سابقہ معزز نسلوں کی بیخ کنی کا واقعہ ستاتا ہے وہیں اسے زندگی کے قد آور حقائق کا جھٹلایا جانا بھی رُلاتا ہے یہی وجہ ہے کہ جہاں رئیس کے کلام میں دردمندی کے پیش نظر قنوطیت کا دھوکا ہوتا ہے وہیں ان کے حوصلہ مندانہ زندگی کرنے کے رویے سے تخلیقی اور فکری قوت مندی کا احساس بھی تازہ ہوتا ہے۔

کیا وضاحت کیا معانی سب مرے محتاج تھے
جب قلم اٹھا ہر اک لفظ ادق روشن ہوا

میں جنوں رفتار سب راہوں کو سر کرتا ہوا
غازیِ گفتار کا چہرہ دھواں ہوتا ہوا
ہوا کے ہاتھوں میں دم ہے کہ میرے ہاتھوں میں
یہ دیکھنے کو نئے بادباں بناؤں میں

میں نے پہلے ہی عرض کیا ہے کہ رئیس کا یہ کلام اس وقت کا ہے جب ۸۰ء کے بعد نمایاں ہونے والی تخلیقی فکر کا ابھی خاکہ بھی تیار نہیں ہوا تھا یہ وہی وقت تھا جب جدیدیت کی برأت سے جدت افروزی کا چراغ جلانے کی ریس جاری تھی اور ہر قلمکار ابہام و تجریدیت کے حوالے سے اپنے اپنے آپ کو زیادہ سے زیادہ جدت پسند ثابت کرنے پر تلا ہوا تھا ایک ایسے عہد میں جبکہ پورا اُردو ادب جدیدیت کے زیر اثر ایک خاص قسم کے تخلیقی نظام سے جڑا ہوا تھا رئیس نے کمال خوبی سے خود کو اس تخلیقی نظام میں جذب ہونے سے بچایا اور اپنی انفرادی تخلیقی فکر کو بروئے کار لا کر نئے ادبی جہانوں کی کھوج کے امکان کو روشن کیا۔ رئیس الدین رئیس بنیادی طور پر غزل کے شاعر ہیں غزل کا فن برائے فن کوئی بہت مشکل چیز نہیں ہے۔ لیکن غزل کو برائے غزل سے اوپر اٹھ کر برتا جائے تو پھر کوئی بھی مشکل سے مشکل کام اس سے زیادہ عرق ریز نہیں ہے رئیس کو موجودہ تخلیقی نسل کے حوالے سے مخصوص زاویۂ نظر سے دیکھنا اس حقیقت کا اعتراف ہے کہ اپنوں نے غزل کی روایات کا احترام کرتے ہوئے اپنے لیے ایک الگ راہ نکالنے کی سعی کی ہے یہ ان کی تخلیقی نمو پذیری کی واضح دلیل ہے کہ انہوں نے رائج الوقت رجحان سے خود کو مشروط کئے بغیر اپنے آپ کو تخلیقیت خیزی کی اس زمین سے جوڑے رکھا جس پر آج ۸۰ء کے بعد والی تخلیقی فکر کا پودا لہلہا رہا ہے رئیس کے یہاں واضح طور پر انسان کی حرماں نصیبی پر اشک شوئی کا ہمدردانہ جذبہ پایا جاتا ہے اور غزل کی صحت مند روایت کے احترام کے

ساتھ عصری حسیت کا ایک دلکش امتزاج نظر آتا ہے۔

دریا دریا ریت نچوڑا پلکوں سے
پیاس کا منظر ایسا عبرتناک ہوا
ہوا ہے گرم نہ کمرے کی کھڑکیاں کھولو
نہ جانے شہر میں ٹھہرے کہاں غبارِ ہوس
تمہیں گماں ہے کہ گھر کا چراغ مانگا ہے
ہوا نے پھر سے مرے دل کا باغ مانگا ہے
منکشف دریا کا جب باطن ہوا
ساحلوں پر آسماں ساکن ہوا
حقیقتوں کے اُجالے بلا رہے ہیں تجھے
خیال و خواب کی اندھی ڈگر سے واپس آ

یہ اشعار رئیس کی اپنی جودت طبع اور طرز فکر کی ندرت کا نمونہ ہیں ان اشعار میں جہاں موجودہ معاشرے کی سچائیاں سلگتی ہوئی محسوس ہوتی ہیں وہیں ان اشعار کی ساخت میں روایتی تفکری عمل سے انحراف کی تہذیبی روایت بھی جھلکتی ہے بالکل سیدھی سی بات ہے کہ جب تخلیق بے لاگ اور فطری ہوگی تو وہ اپنا توازن بھی اپنے بل بوتے پر قائم کرے گی۔

بنتے رہنا تھا رئیس آس کے تانے بانے۔ کچھ تو جینے کے لیے وجہ سکوں ہونا تھا۔ رئیس الدین رئیس ؔادبی گروپ بندی سے کہیں زیادہ تخلیقی سچائی پر یقین رکھتے ہیں یہی وجہ ہے کہ جب ۸۰ء کے بعد والی نسل کی فہرست سازی کی جاتی ہے تو ان کا نام اکثر و بیشتر شمار ہونے سے رہ جاتا ہے ویسے یہ ایک حقیقت بھی ہے کہ رئیس الدین رئیس کو جتنا فعال

ہونا چاہیے وہ اتنے فعال نہیں ہیں آجکل افق ادب پر انہیں لوگوں کی بازگشت سنائی دیتی ہے جو تخلیقی و تحریری دونوں معاملوں میں اپنے آپ کو فعال ثابت کرتے ہیں اگر رئیس اب بھی اپنی روش میں تھوڑی سی تبدیلی پیدا کرلیں اور تخلیقی انفرادیت کے حوالہ سے زور آوری (تخلیقی خود اعتمادی کی قوت مندی) کا راستہ اختیار کرلیں تو وہ ۸۰ء کے بعد نمایاں ہونے والی نسل کے ہر اول دستے میں جگہ پاسکتے ہیں ان کا دوسرا شعری مجموعہ "زمیں خاموش ہے" میرے پاس نہیں آسکا ہے کہ مزید بات کی جاسکے اس لیے اب میں اپنی بات رئیس کے شعر کے ساتھ ختم کرتا ہوں۔

رئیس خود کو گھٹاتے نہ ہم اگر تو کبھی
ہمارے شہر میں لوگوں کے قد نہیں ہوتے

***

ڈاکٹر آنند موہن گلزار زتشی۔ نوئیڈا

۱۹۴۸ء کی بات ہے جب مجھے کچھ دیرینہ احباب نے گوالیار ایک آل انڈیا مشاعرہ میں یاد کیا۔ وہ دو برادران گرامی تھے قاضی ریاض الدین ریاضؔ گوالیاری اور دعا ڈبائیوی۔ یہ دونوں حضرات علی گڑھ اور خورجہ کے اطراف سے تعلق رکھتے تھے اور بہ صیغۂ ملازمت گوالیار جابسے تھے یہ دونوں حضرات قبلہ ناخدائے سخن حضرت نوحؔ ناروی تلمیذ نواب میرزا خاں داغؔ کے شاگرد تھے۔ ریاض گوالیاری کے بھائی عزیز الدین رخشاںؔ کے پوتے یعنی ریاضؔ صاحب کے بھی پوتے وکیل انصاری۔ نیویارک امریکہ میں

آباد ہیں اور خدمت اردو زبان و ادب کر رہے ہیں جو کہ رئیس الدین رئیس کے بھتیجے ہوتے ہیں۔ اور دوسرے بھائی دعاڈبائیوی کے صاحبزادے ندآفاضلی فلمی دنیا میں بہ طور نغمہ نگار معروف ہیں اور مشاعروں کی جان ہیں۔

بھائی ریاضؔ گوالیاری کے بھتیجے جناب رئیس الدین رئیس علی گڑھ میں آباد ہیں ان سے چند برسوں سے بعض مشاعروں میں ملاقات ہوئی اور مل کر بہت جی خوش ہوا۔ اُن کے دو مجموعہ کلام "آسماں حیران ہے" اور "زمیں خاموش ہے" شائع ہو کر مقبول ہو چکے ہیں اور تیسرا مجموعۂ کلام "سمندر سوچتا ہے" جلد منظر عام پر آنے والا ہے۔

رئیس کی لڑتی ہوئی طبیعت۔ کلاسیکل شاعری کی سمجھ بوجھ۔ زبان کی سادگی اور روانی۔ چُستی بندش۔ حسن تراکیب۔ دلّی اسکول کے محاورے۔ داغؔ اور نوحؔ اور ریاضؔ اسکول کا فیض۔ پرواز تخیل اور احساس وجذبہ کی شدّت۔ ان کو اردو کا باشعور شاعر اور دورِ حاضر کی معاصرانہ معاشرتی عکّاسی کا مصوّر بناتی ہے۔

رئیس کے یہاں صرف داغؔ کی زبان اور روایتی شاعری ہی نہیں ہے بلکہ اُپج کا۔ ماحول اور معاشرے کا ردِّ عمل۔ دور حاضر کے مسائل کی تصویر کشی بھی بھرپور پائی جاتی ہے۔ یعنی وہ کلاسیکل اور جدّت۔ ماضی۔ حال اور مستقبل کے ورثہ اور تقاضوں سے متاثر پسندیدہ شاعری کرتے ہیں۔ میں دعا گو ہوں کہ وہ اپنا۔ اپنے خاندان اور داغؔ اسکول کا نام مزید سربلند کریں گے اور عوام وخواص میں مقبول ہوں گے۔

اللہ تعالی ان کے درجات بلند کرے اور ادب میں ان کا جائز مقام عطا کرے۔ آمین۔ دعا گو نیاز کیش

شاعر قوم۔ مجاہد اردو۔ گلزارِ خسروؔ

ڈاکٹر گلزار زتشی دہلوی۔ بانی و معتمد انجمن ترقی اردو۔ دلّی

پروفیسر مظفر حنفی (نئی دہلی)

پچھلی دو دہائیوں سے رئیس الدین رئیس کی غزلیں میں ہندوپاک کے اکثر جریدوں میں دیکھتا رہا ہوں اور محسوس کیا ہے کہ ان کے ہاں قافیہ پیمائی کم اور معنی آفرینی زیادہ ہے۔ یہ بات بھی ان کے حق میں جاتی ہے کہ زود نویسی اور پر گوئی کے باوصف ان کے کلام میں اعادہ و تکرار کی صورتیں شاذ و نادر ہی پیدا ہوئی ہیں۔ جدید کہلانے کے زعم میں رئیس نے اہمال کو بھی گلے سے نہیں لگایا اور زبان سے تجربے کے بہانے غیر ضروری کھلواڑ بھی نہیں کی۔ شعروں میں تغزل کی کمی کا ازالہ وہ خیال کے انوکھے پن سے کرتے ہیں اور اکثر ٹیڑھی ترچھی زمینوں میں شگفتگی کا مظاہرہ کرتے ہیں۔

میری خواہش ہے کہ "آسماں حیران ہے" "زمیں خاموش ہے" کی طرح تیسرا شعری مجموعہ "سمندر سوچتا ہے" بھی ادبی حلقوں کو اپنی طرف متوجہ کرنے میں کامیاب ہو۔"

***

کچھ اہم علمی وادبی مضامین کا مجموعہ

جراحتِ افکار

مصنف : ڈاکٹر محمد شرف الدین ساحل

بین الاقوامی ایڈیشن جلد منظر عام پر آرہا ہے